3

*Per informazioni sulle opere pubblicate
e in programma rivolgersi a:*
Edizioni Terra Santa
Via Giovanni Gherardini, 5 - 20145 Milano
Tel. +39 02 34592679
Fax + 39 02 31801980
http://www.edizioniterrasanta.it
e-mail: editrice@edizioniterrasanta.it

Progetto grafico *Elisa Agazzi*

In copertina:
Grotta della Natività
(foto Enrique Bermejo)

Finito di stampare nel febbraio 2016
da Press Grafica - Gravellona Toce (VB)
per conto di Fondazione Terra Santa

ISBN 978-88-6240-366-5

BETLEMME

e i suoi santuari

A cura di
Emanuela Compri, Elena Bolognesi
e Roberto Orlandi

edizioni
terra santa

Indice

Introduzione

Quando pensiamo a Betlemme viene spontaneo e immediato il riferimento al Natale e agli eventi che ruotano attorno a quella notte santa come vengono descritti dagli evangelisti Matteo e Luca: la nascita di Gesù, l'annuncio ai pastori, la visita dei Magi, la strage degli Innocenti. Ma la nascita a Betlemme del Messia non è casuale e affonda le radici nella storia dell'Antico Testamento.

Betlemme è la città in cui Rachele, amatissima moglie di Giacobbe, muore di parto lungo la via, dando alla luce Beniamino, il più piccolo dei figli del patriarca (cfr. Gen 35,16-20). Oggi la tomba di Rachele, che si trova su quella che un tempo era la via principale di accesso alla città, è diventata uno dei simboli più drammatici del conflitto, circondata dal muro di separazione e non più visitabile da parte della popolazione palestinese.

Betlemme è anche la città dove è ambientata la bellissima storia di Rut, la moabita, che per il suo coraggio e la sua determinazione ha saputo trasformare in benedizione una storia di afflizione divenendo, lei che era una donna straniera, progenitrice del re Davide. E proprio al giovane figlio di Iesse, unto re d'Israele a Betlemme, è associata la tradizione che lega la venuta del Messia al piccolo borgo al limite del deserto di Giuda, annunciata dal profeta Michea (5,1).

A partire dal IV secolo d.C., Betlemme fu testimone del fiorire della tradizione monastica cristiana, sia per la presenza di san Girolamo e dei monasteri da lui fondati proprio accanto alla Grotta della Natività, sia per il rapido diffondersi di esperienze eremitiche e cenobitiche nella regione desertica circostante.

Oggi Betlemme è una cittadina dei Territori Palestinesi, conta circa 30 mila abitanti e comprende nel suo territorio tre campi profughi stabiliti dalle Nazioni Unite nel 1948. Distante circa 10 km da Gerusalemme, ne è però separata dalla barriera difensiva costruita da Israele. I lavori di costruzione del muro sono cominciati a Betlemme nel marzo 2004.

Insieme a Beit Jala e Beit Sahur (dove si trova il Campo dei Pastori), rappresenta uno dei punti di maggiore concentrazione di cristiani in tutta la Terra Santa. Una presenza che dura ininterrottamente da venti secoli. Una lunga storia di devozione, testimoniata dalle evidenze artistiche e archeologiche, ma anche un'interminabile catena di tensioni e conflitti.

La visita a Betlemme e ai suoi santuari non può prescindere da un'immersione profonda nella sua storia e nella sua complessa attualità.

Il volume comprende tre sezioni. La prima ripercorre le tappe essenziali della storia di Betlemme, dagli eventi biblici fino ai giorni nostri. La seconda è dedicata alla visita dei siti più importanti che comprendono, oltre al complesso della basilica della Natività, la grotta del Latte, il Campo dei Pastori e la tomba di Rachele. Infine, nella terza parte vengono riportati i brani biblici fondamentali che si riferiscono a Betlemme e alcune preziose testimonianze dei pellegrini, antichi e moderni, che hanno rappresentano una fonte di straordinaria importanza per ricostruire la storia civile e religiosa della città e dei suoi abitanti.

Al volume è allegato un estratto del DVD *Terra Sancta. Custodi delle sorgenti della salvezza*, realizzato dai Frati minori della Custodia di Terra Santa, con il capitolo dedicato proprio a Betlemme e ai suoi santuari.

La storia

Betlemme è nominata in una tavoletta cuneiforme del XIV secolo a.C., trovata in Egitto e appartenente all'archivio del faraone Akhenaton: si parla della città di Bit Lahmu, nel territorio di Gerusalemme. È molto probabile che il nome originario della città derivi dal termine Lahmo, nome della divinità caldea della natura e della fertilità, termine adottato e cambiato dai popoli cananei con Lahama. Se si dà credito a quest'ipotesi la traduzione del nome Beit el-Laham potrebbe essere "casa di Lahami", cosa possibile vista la particolare caratteristica di questa terra, molto feconda e ricca di acque. Inoltre nell'Antico Testamento la città è chiamata con il nome Beth Lechem, "casa del pane", e anche Efrata, nome derivato dalla tribù che viveva in questi luoghi, che letteralmente significa "fruttifera". Anche i nomi più moderni rimandano all'idea di un luogo di fertilità e abbondanza. In arabo Beit Lahm significa "casa della carne", per la grande quantità di greggi di pecore e capre, che rappresentano una delle attività più importanti della zona.

La narrazione biblica

Nell'Antico Testamento la città di Betlemme viene nominata ben 44 volte e porta il nome di "Betlem di Giudea" dalla tribù cui apparteneva, per distinguerla dalla località omonima, appartenente alla tribù di Zabulon, in Galilea. La prima menzione ricorre a proposito della morte di Rachele, moglie prediletta del patriarca Giacobbe (cfr. Gen 35,19). A Betlemme è ambientato

Davide compone i Salmi accompagnandosi con la cetra (vetrata della chiesa di Fringford, Regno Unito)

il libro biblico di Rut, la donna moabita che, avendo lasciato il suo popolo per rimanere fedele alla suocera Noemi, lascerà eterno ricordo di sé in quanto progenitrice del re Davide. Ed è soprattutto al legame con Davide che Betlemme deve la sua antica fama: qui il più giovane dei figli di Iesse fu unto re dal profeta Samuele (1Sam 16,4-13). Davide stesso la definisce «la sua città» (1Sam 20,6). Roboamo, figlio di Salomone, fortificò Betlemme (2Cr 11,6) e la incluse in un sistema di città armate contro le invasioni degli Egizi. La ritroviamo nella profezia messianica di Michea (5,1), preludio alla nascita di Gesù, qui avvenuta e narrata dai vangeli dell'infanzia (cfr. Mt 2 e Lc 2).

La storia antica

Nel 586 a.C. l'esercito caldeo di Nabucodonosor, dopo aver occupato la Giudea, deportò il popolo ebraico a Babilonia, dove visse cinquant'anni di esilio. Quando il re persiano Ciro II permise agli ebrei di rimpatriare, Betlemme tornò a popolarsi. La Palestina divenne terra di conquista subendo una serie di successive occupazioni: presa da Alessandro Magno nel 333 a.C., venne sottomessa al regno dei Tolomei tra il 301 e il 198 a.C. e poi al governo dei Seleucidi di Antiochia. Tra 167 e 164 a.C., dopo le persecuzioni dei Giudei e lo scoppio dell'insurrezione antisiriana dei Maccabei, ebbe inizio la dinastia degli Asmonei che regnò su tutti i territori, compresa la città di Betlemme, per circa 30 anni, fino a quando, soprattutto a motivo di lotte intestine, gli Asmonei cedettero definitivamente il potere all'esercito romano guidato da Pompeo (63 a.C.).

Betlemme nel *Peregrinatio in Terram Sanctam* di B. von Breidenbach (1490)

La tomba di Rachele
in *El devoto
peregrino. Viage
de Tierra Santa*
di A. del Castillo
(1656)

STORIA

Il periodo romano

All'epoca delle vicende della vita di Gesù, la Palestina rientrava nella provincia romana di Siria. Per qualche anno proseguirono le lotte per l'amministrazione del potere, pur sotto il controllo romano, fino a quando nel 37 a.C. salì al potere Erode il Grande: riconosciuto re da Roma, cui faceva riferimento per la politica estera e le imprese di guerra, ne rimaneva indipendente per gli affari interni, di natura politica e amministrativa. Del regno di Erode e del suo genio costruttore rimane traccia a Betlemme nell'impressionante struttura dell'Herodion, il palazzo-fortezza che fece costruire nel 30 a.C. per accogliere la sua sepoltura.

Alla morte di Erode, avvenuta nel 4 a.C., il regno fu suddiviso in tetrarchie, assegnate ai suoi figli: Archelao, Erode Antipa e Filippo. Nel 6 d.C. con la deposizione di Archelao, etnarca della Giudea, l'imperatore Augusto creò la provincia romana di Giudea, amministrata da procuratori residenti a Cesarea Marittima.

In seguito alla prima rivolta giudaica (66-70 d.C.), le legioni romane, guidate da Vespasiano e poi dal figlio Tito, misero a ferro e fuoco la Palestina, fino alla distruzione di Gerusalemme e del Tempio. Betlemme fu risparmiata e

Pagina a fronte:
la rappresentazione
della Natività posta
nell'omonima grotta,
sotto la basilica
betlemita

divenne presto luogo di culto per i primi cristiani che veneravano la grotta in cui era nato il Messia. Una seconda rivolta giudaica contro Roma (132-135 d.C.), guidata da Bar Kokhbà, fu soppressa nel sangue sotto l'imperatore Adriano. Gerusalemme fu nuovamente distrutta e ricostruita secondo il modello urbanistico romano con il nome di Aelia Capitolina. Adriano confiscò tutti i luoghi di culto e fece erigere a Betlemme un bosco sacro a Tammuz-Adone sopra la grotta della Natività; il luogo venerato dai primi cristiani fu interrato e distrutto in ogni segno di venerazione, come già era avvenuto per il Santo Sepolcro a Gerusalemme.

La grotta doveva presentarsi allo stato naturale, come descriverà poi Girolamo nelle sue testimonianze. Restò sempre vivo il ricordo del luogo esatto della nascita di Gesù, come ci testimoniano Giustino di Nablus (II sec.) e Origene (III sec.) nei loro scritti. A causa delle forti repressioni molti cristiani lasciarono la cittadina in mano ai pagani, che continuarono il loro culto.

Particolare
del mosaico di
Madaba (VI secolo):
Betlemme si scorge
a destra (= sud)
di Gerusalemme

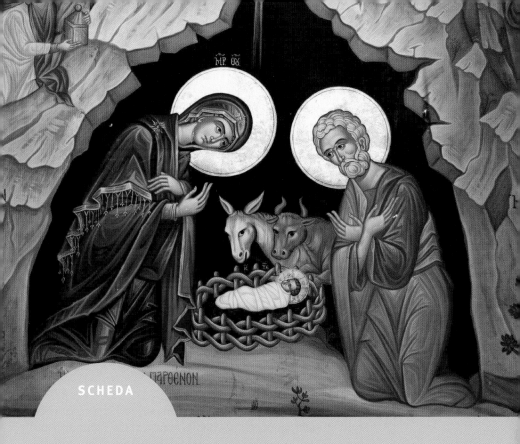

QUANDO NACQUE DAVVERO GESÙ?

È ormai pensiero comune tra gli studiosi che l'anno di nascita di Gesù non sia stato correttamente calcolato. Si parla di un errore del monaco Dionigi il Piccolo che, tra V-VI secolo, fu incaricato da Roma di proseguire la compilazione della tavola cronologica per il calcolo della data della Pasqua, preparata al tempo del vescovo Cirillo. Il monaco prese come punto di partenza la data dell'incarnazione del Signore. Lo sbaglio di Dionigi stette nel fatto che pose la nascita di Gesù dopo la morte di Erode. La data comunemente accettata per la morte di Erode il Grande, sotto il cui regno nacque Gesù, è infatti il 4 a.C.: Gesù quindi non può essere nato dopo quella data.

Per quanto riguarda il mese e il giorno, invece, molti aspetti portano a una conferma della tradizione del 25 dicembre. L'analisi parte da due fonti: il vangelo di Luca e il calendario solare rinvenuto a Qumran. Luca dice che l'angelo Gabriele annunciò a Zaccaria che Elisabetta era incinta mentre «esercitava sacerdotalmente nel turno del suo ordine» (Lc 1,8). È stato possibile calcolare le 24 classi in cui erano divise le famiglie sacerdotali e risalire all'ottava classe di Abia, alla quale apparteneva il sacerdote Zaccaria. Egli svolse servizio presso il tempio dall'8° al 14° giorno del terzo mese e dal 24° al 30° giorno dell'ottavo mese. Quest'ultima data corrisponde alla fine di settembre, nove mesi prima del 24 giugno, ossia della data di nascita del Battista. Così, anche l'annuncio alla Vergine Maria «nel sesto mese» (Lc 1,28) dal concepimento di Elisabetta corrisponderebbe al 25 marzo. Di conseguenza si può considerare storica anche la data di nascita di Gesù, il 25 dicembre.

Nonostante questo, è pensiero comune che la tradizione della Chiesa abbia stabilito la data della solennità della nascita di Gesù in corrispondenza della festività pagana del *Dies natalis solis invicti*. Questa cadeva il 21 dicembre, giorno del solstizio d'inverno. Probabilmente le due festività furono fatte coincidere per sostituire il culto pagano e divulgare velocemente quello cristiano. Ma è anche evidente che una festa così centrale non poté essere stabilita solo per motivi di sincretismo, ma doveva avere alla base delle solide radici storiche. La sovrapposizione della festività pagana con quella cristiana fu comunque facile, perché la tradizione biblica parla del Messia come di un sole e di una luce: «Verrà a visitarci dall'alto un sole che sorge» (Lc 1,78).

La fase romano-bizantina

Dopo l'editto di Costantino del 313 d.C. venne proclamata la libertà di culto ed ebbe inizio un periodo di rinascita per tutti i luoghi santi. Nel 324 Elena, madre di Costantino, visitò la Terra Santa. Nel 325, sollecitato dal vescovo di Gerusalemme san Macario, con il quale si era incontrato in occasione del primo Concilio ecumenico di Nicea, Costantino destinò cospicui fondi anche alla costruzione di una chiesa nel luogo della Natività. Le tradizioni cristiane erano talmente radicate che non vi furono problemi per la localizzazione del sito e i lavori poterono iniziare l'anno seguente.

Betlemme divenne fin da subito un importante centro religioso, come ricorda il pellegrino anonimo di Bordeaux che visitò la basilica nel 333. Con l'arrivo di san Girolamo, nel 384 le grotte della Natività divennero polo di una nuova esperienza monastica. Fu qui che Girolamo poté dedicarsi a una nuova traduzione in latino della Bibbia, su richiesta di papa Damaso.

Un'altra figura di rilievo per lo sviluppo del monachesimo, sia maschile che femminile, fu la patrizia romana Paola che, insieme alla figlia Eustochio, giunse a Betlemme nel 386 a seguito di san Girolamo e destinò molto del suo patrimonio alla costruzione di due monasteri e di un ospizio per i pellegrini in prossimità dei luoghi della Natività di Gesù. Alla morte di Girolamo, avvenuta nel 420, fu nominato suo successore Eusebio da Cremona, che morì dopo soli due anni, e la vita monastica a Betlemme non sopravvisse a lungo.

Nel 529 la città venne attaccata dai Samaritani di Nablus che, dopo le rivolte contro l'imperatore di Bisanzio, saccheggiarono le chiese e i monasteri, tra cui la basilica della Natività.

Nel 531 l'imperatore Giustiniano, su richiesta di san Saba, inviato dal Patriarca di Gerusalemme, restaurò il santuario e ricostruì la città ormai in rovina, fornendola di una nuova cerchia di mura. In quest'occasione fu realizzato un mosaico sul

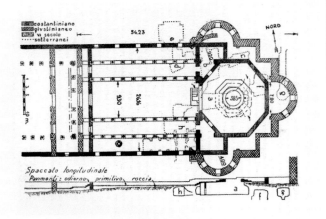

Planimetria della basilica della Natività nelle varie epoche (da B. Bagatti, *Gli antichi edifici sacri di Betlemme*, Gerusalemme 1952)

timpano maggiore, recante l'immagine dei Magi in costumi persiani, secondo un'iconografia frequentemente riprodotta soprattutto dopo la pace costantiniana a simboleggiare la regalità di Cristo. Questa particolare scena tornò utile quando, con l'invasione persiana di Cosroe II nel 614, la basilica fu preservata dalla distruzione proprio grazie a questa scena di sapore "orientale", che distolse le armate dal loro proposito. Nel 629 l'imperatore Eraclio riconquistò i territori palestinesi dal dominio persiano.

SAN GIROLAMO

Nato a Stridone in Dalmazia nel 347, Girolamo è uno dei maggiori esponenti del monachesimo ascetico, nonché dottore della Chiesa. La sua formazione, avvenuta in primo luogo nella sua famiglia di fede cristiana, lo portò a compiere gli studi prima a Milano e poi a Roma alla scuola dei celebri retori Donato e Rufino di Aquileia. Il fascino dell'Urbe lo attrasse sia per la vita di studi che per quella mondana. Ma, alla ricerca di una profonda conversione e attratto da una vita ascetica di contemplazione, dopo il battesimo, avvenuto all'età di 19 anni, iniziò la sua vita ritirata.

Terminati gli studi e recatosi a Treviri per iniziare la sua carriera, scoprì la bellezza dell'esperienza monacale. Così, contro il volere della sua famiglia, si ritirò ad Aquileia insieme all'amico Rufino. Da lì decise di recarsi in Oriente, nella culla del monachesimo; si fermò ad Antiochia presso il vescovo Evagrio, dal quale imparò la lingua greca. In questo periodo fece una profonda esperienza ascetica e spirituale, favorita sia dall'assidua lettura della Parola di Dio, che da una grave malattia che lo colpì. Girolamo scelse poi di recarsi nel deserto di Calcid, ai confini della Siria, per iniziare la vita anacoretica. In questo periodo imparerà l'ebraico con lo scopo di leggere in lingua originale l'Antico Testamento.

Grazie alla sua formazione, papa Damaso lo incaricò di tradurre la Sacra Scrittura dal greco e dall'ebraico in latino. Il risultato del suo lavoro, in cui profuse tutto il suo talento, risultò un dono prezioso per la Chiesa d'Occidente. La sua Bibbia, chiamata *Vulgata*, resta fino a oggi il testo ufficiale garantito dall'autorità della Chiesa. Dopo una breve esperienza pre-cenobitica

a Roma presso l'Aventino, nel 384 si ritirò a Betlemme, dove visse gli ultimi anni della sua vita e poté portare avanti il suo lavoro di traduzione della Bibbia.

A Betlemme fu raggiunto da Paola con la figlia Eustochio, due patrizie romane che garantirono una ricca somma con la quale vennero costruiti due monasteri (uno maschile e uno femminile), un ospizio per i pellegrini e una scuola monastica. Fu questa la prima esperienza d'insediamenti monastici in prossimità della grotta della Natività. Anche se non è chiara la posizione dei complessi, è certo che Girolamo si rac-

Caravaggio, *San Girolamo*, Roma,
Galleria Borghese

cogliesse in meditazione e preghiera nelle cavità prossime alla Santa grotta.

Emblematica della sua spiritualità è la riflessione sulla mangiatoia della grotta della Natività che, per dare al luogo una degna sistemazione, già a quel tempo era stata sostituita con una vasca d'argento: «Potessi vedere ancora quella mangiatoia dove fu deposto il Signore. Ora noi, come se questo fosse ad onore di Cristo, abbiamo tolto quella di fango e ne abbiamo messa una d'argento; ma, per me, era molto più preziosa quella che è stata tolta. Argento e oro convengono al paganesimo, alla fede cristiana conviene che sia di fango quella mangiatoia! Colui che là è nato, in quella mangiatoia, disprezza l'oro e l'argento. Non intendo condannare chi ha fatto questo pensando di rendere onore a Cristo (non condanno neppure quelli che fecero le suppellettili d'oro per il tempio) però ammiro di più il Signore che, pur essendo il creatore del mondo, non nasce in mezzo a oro e argento ma nel fango» (Girolamo, *Omelia per la Natività del Signore*, fine IV secolo). Dopo la morte di Paola ed Eustochio, e dopo l'arrivo della notizia della presa di Roma da parte di Alarico (410), Girolamo subì un crollo morale e fisico. Rimasto ormai solo nel suo monastero diroccato e minacciato dai continui saccheggi, si dedicò all'accoglienza dei profughi che scappavano dall'Occidente cristiano. Il 30 settembre del 420 morì dopo forti sofferenze fisiche, lasciando alla Chiesa il tesoro inestimabile dei suoi scritti.

Il periodo arabo-musulmano

Nel 638, con l'occupazione arabo-musulmana del califfo Omar, anche Betlemme fu sottomessa al potere islamico. Il clima di tolleranza e convivenza tra musulmani e cristiani fu garantito dal gesto simbolico del califfo che, dopo la conquista della città, entrò a pregare nella basilica davanti all'abside sud, scelta per l'orientamento verso La Mecca. Da quel momento la basilica divenne un luogo di preghiera per entrambe le religioni. Certamente la devozione islamica per Gesù, il profeta Issa del Corano, e per Maria sua madre giocarono in questo caso un ruolo importante.

La politica di tolleranza fu mantenuta nei secoli successivi, anche se la vita religiosa cristiana andò progressivamente impoverendosi. Fino al 1009, quando il fanatico califfo fatimida el-Hakim scatenò una violenta persecuzione contro i cristiani e distrusse il Santo Sepolcro, insieme a molti altri santuari. Betlemme fu risparmiata anche questa volta perché, secondo alcuni, el-Hakim venne fermato da un intervento miracoloso. Secondo altri, invece, a risparmiare la basilica fu il suo desiderio di continuare a ricevere i tributi che i cristiani pagavano fin dal tempo di Omar.

L'età crociata

Betlemme non fu invece risparmiata dalla furia dei dominatori islamici all'avvicinarsi dell'esercito crociato. Gli abitanti della città chiesero aiuto a Goffredo di Buglione, di stanza a Emmaus.

Il 6 giugno 1099 una centuria di cavalieri, guidata da Tancredi d'Altavilla, conquistò la città, che da quel momento visse un secolo d'oro in cui s'intensificarono i rapporti con l'Europa tramite scambi commerciali e pellegrinaggi.

I crociati ricostruirono Betlemme e ne fecero una rocca fortificata; diedero un nuovo aspetto alla basilica erigendo un monastero per i canonici agostiniani (che oggi corrisponde al convento francescano), ai quali fu affidato il servizio liturgico e l'accoglienza dei pellegrini, mentre ai riti orientali venne concessa la possibilità di celebrare nella propria liturgia. Il 24 dicembre 1100 Baldovino I venne incoronato primo re di Gerusalemme. Nel 1110 la città divenne sede episcopale.

Sezione delle strutture a nord della basilica; in nero, gli spazi di epoca medievale del monastero degli agostiniani (da B. Bagatti, *op. cit.*)

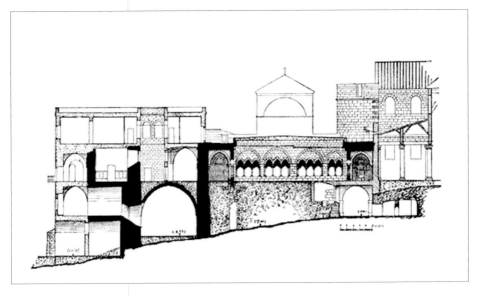

Tra il 1165 e il 1169, per volere del vescovo Raoul, si procedette al restauro della basilica, con il contributo economico del re crociato Almarico I e dell'imperatore di Costantinopoli Manuele Porfirogeneto Comneno. Questa collaborazione fu chiaro segno dell'unità tra le Chiese d'Oriente e d'Occidente. I marmi del pavimento furono sostituiti e il tetto fu rifatto con legno di cedro e copertura di piombo; la parte alta della navata centrale fu rivestita di mosaici. La vela della grotta della Natività fu arricchita di mosaici policromi e dorati, alcuni composti di tessere di vetro e madreperla.

Sconfitti da Saladino ai Corni di Hattin, in Galilea, nel 1187, i crociati si ritirarono anche da Betlemme, che tornò sotto la dominazione islamica. La comunità latina abbandonò la città, ritornandovi solo nel 1192, quando i musulmani consentirono ai latini di riprendere il culto dietro pagamento di un alto tributo.

A seguito di due tregue, una tra l'imperatore Federico II e il sultano d'Egitto e l'altra tra il re di Navarra e il sultano di Damasco, tra il 1229 e il 1244 Betlemme passò nuovamente sotto il Regno latino di Gerusalemme. Questo permise il ritorno dei canonici agostiniani e la riapertura della basilica al culto cristiano. Il regno durò poco più di un decennio, finché l'invasione dei turchi Carismiti in Palestina nel 1244 destabilizzò nuovamente la regione.

Sicuramente la fama di Betlemme, come di tutti i luoghi santi, ebbe un incremento anche grazie al viaggio di Francesco d'Assisi. Nel luglio del 1219, su una nave che trasportava i soldati della quinta crociata, frate Francesco raggiunse San Giovanni d'Acri, divenuta capitale dopo che Saladino aveva ripreso Gerusalemme e tutti i luoghi santi. Il Poverello di Assisi vi trovò Elia da Cortona e gli altri frati partiti due anni prima per fondare la Provincia d'Oltremare. Si è supposto che Francesco si fosse recato anche a Betlemme, perché la tradizione ricorda il famoso attaccamento del santo all'immagine del presepe, ma questo non è confermato da nessuna fonte storica. Resta il fatto che alcuni dei suoi compagni, già arrivati in Palestina negli anni precedenti, si fermarono a servizio della Chiesa in quella terra.

STORIA

Il periodo mamelucco

Nel 1263, con l'invasione di Gerusalemme da parte dei Mamelucchi d'Egitto, il sultano Baybars cacciò i cristiani da Betlemme e abbatté le mura fortificate della città. In questo periodo, tuttavia, ripresero i pellegrinaggi, sfruttati da califfi e sultani come risorsa economica a motivo del contributo richiesto a tutti i pellegrini.

Con la caduta di Acri nel 1291 e la fine del Regno latino di Gerusalemme, la Palestina rimase sotto i Mamelucchi fino alla conquista dell'impero ottomano.

La dominazione ottomana

Nel 1517 la Palestina fu annessa all'impero turco ottomano. Il sultano Selim I abbatté i resti delle mura di Betlemme, composte da due torrioni, uno posto a ovest, sulla sommità della collina, l'altro vicino alla basilica. La città cadde così in una lenta rovina e i cristiani oppressi e perseguitati lasciarono man mano il paese. I diritti sulla basilica vennero divisi tra latini (francescani) e greci, causa di continui scontri fomentati dal governo della Sublime Porta, che appoggiava alternativamente l'una o l'altra confessione, concedendo diversi privilegi.

Nel 1690 i frati francescani riuscirono a riacquistare i loro diritti, ma nel 1757 vi fu un nuovo e definitivo cambio di proprietà. Tra il 1831 e il 1841 il viceré d'Egitto Muhammed Alì e il figlio Ibrahim Pascià liberarono per un breve tempo la Palestina dal dominio dei Turchi. In quest'occasione i cristiani rivendicarono il diritto sulla città di Betlemme e, dopo anni di sottomissione e persecuzioni, nel 1834 cacciarono i musulmani, mentre Ibrahim Pascià fece distruggere il loro quartiere. Da quel momento i cristiani diventarono la confessione di maggioranza.

Rispetto alle dispute tra cristiani che sorsero a più riprese in età ottomana, uno degli eventi più ricordati è la sparizione della stella, posta dai latini nel luogo esatto della nascita

di Gesù. Il fatto fu commesso dai greco-ortodossi il 12 ottobre 1847, e provocò l'inasprimento dei contrasti tra le due confessioni. A causa di questi attriti, nel 1852 il governo turco emanò un firmano che sanzionava i diritti di proprietà esistenti nei santuari cristiani, lo *Status quo*, per cercare di mettere pace dopo secoli di scontri. La Sublime Porta inoltre, per ringraziare i Paesi europei che contribuirono alla vittoria nella guerra di Crimea contro la Russia (1853-56), concesse ai latini maggiori libertà. Fu il periodo in cui iniziarono a stabilirsi in Palestina molte congregazioni religiose per occuparsi delle scuole, degli ospedali e degli ospizi. L'arrivo di molti occidentali lasciò anche nelle architetture un segno, visibile tutt'oggi nella città. Nel 1859 i francescani acquistarono il sito di Siyar al-Ghanam, il Campo dei Pastori, dove a seguito di scavi archeologici furono rinvenuti resti di costruzioni di epoca bizantina. Dopo la sconfitta dell'impero ottomano nella prima guerra mondiale, nel 1922 la Palestina fu sottoposta al protettorato della Gran Bretagna su base di accordi internazionali.

Firmano del califfo Omar (1690) custodito nell'archivio della Custodia di Terra Santa

L'età contemporanea

Con la fine del Mandato britannico e lo scoppio della prima guerra arabo-israeliana (1948) molti arabi, in fuga dai territori occupati dal neonato Stato di Israele, confluirono verso Betlemme (che rientrava nei confini del regno hashemita di Giordania), e nei dintorni della città vennero costruiti dei campi per i rifugiati. La popolazione di Betlemme da allora cominciò a crescere (dai 9 mila abitanti del 1948 si è passati

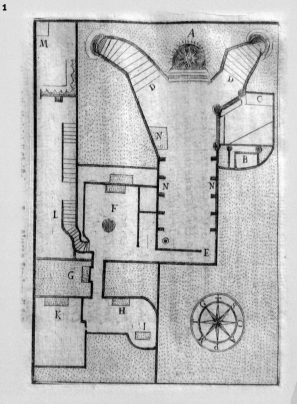

1. La grotta
della Natività ne
*Il devotissimo viaggio
di Gerusalemme*
di J. Zuallart (1595)

2. La grotta
nell'*Itinerarium
Hierosolymitanum
et Syriacum* di
J. van Cootwijk (1619)

3. Il complesso
della Natività
secondo J. Zuallart
(*Il devotissimo viaggio
di Gerusalemme*, 1595)

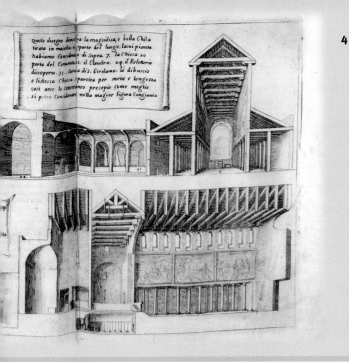

4

Questo disegno dimostra la magnifica, e bella Chiesa tirata in maniera à parte del luogo, la cui pianta habiamo considerato di sopra. 7. la Chiesa 20 porta del Conventani. il Claustro. 24 il Refetorio discoperto. 33 stanza di S. Girolamo. lo di basso e la stessa Chiesa spartita per meta e longezza così anco lo sotterraneo presepio come meglio si potrà considerare nella magior figura Congiunta

4. La basilica
di Betlemme nel
*Trattato delle piante
& immagini de sacri
edifizi di Terra Santa*
di B. Amico (1620)

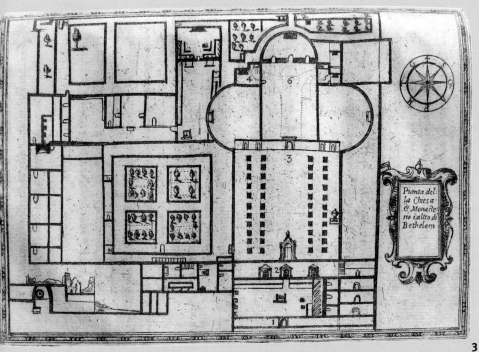

Pianta della Chiesa & Monasterio è altro di Bethelem

3

LE RICERCHE ARCHEOLOGICHE

All'epoca del Mandato britannico, nella basilica della Natività furono condotte indagini archeologiche. I primi sondaggi inglesi risalgono al 1932, e furono condotti da W. Harvey, E.T. Richmond, H. Vincent e R. W. Hamilton nel piazzale antistante il santuario. Nel 1934 i quattro archeologi si dedicarono all'interno e riportarono alla luce elementi appartenenti all'edificio costantiniano del IV secolo, in particolare i mosaici della navata centrale e la zona presbiteriale di forma ottagonale; ne conseguì una fitta letteratura che gli archeologi produssero a seguito degli scavi.

Nel 1947 il francescano padre Bellarmino Bagatti prese in esame il terreno fran-cescano adiacente la basilica e il chiostro di S. Girolamo, all'epoca sottoposto a restauro generale. Gli scavi portarono al ritrovamento dei resti del periodo crociato. P. Bagatti illustrò le fasi di studio e di scavo nel volume *Gli antichi edifici sacri di Betlemme* (Gerusalemme 1952), che resta una delle più complete pubblicazioni sull'argomento. Il suo apporto scientifico fu relativo alla riformulazione e precisazione della natura dell'ottagono d'epoca costantiniana, scoperto in seguito agli scavi inglesi. Infine, tra il 1962 e il 1964, lo stesso Bagatti intraprese scavi sul terreno del convento e nelle grotte confinanti con quella della Natività.

agli attuali 30 mila circa); i cristiani, che fino al 1948 erano la maggioranza, persero la loro superiorità numerica.

Nel 1953-1954, su progetto di Antonio Barluzzi, iniziò la costruzione del nuovo santuario per il Campo dei Pastori, mentre nel 1962-1964 fu commissionato il restauro generale delle grotte francescane attigue alla grotta della Natività, in preparazione al pellegrinaggio di papa Paolo VI (gennaio 1964).

Dopo la guerra dei Sei giorni del 1967 (tra Israele da un lato, e Giordania, Egitto e Siria dall'altro), Betlemme passò sotto occupazione israeliana. Lo scoppio della prima Intifada (dicembre 1987) portò a continui scontri tra la popolazione e le forze militari israeliane.

Nel 1991 inizia il lungo processo di pace, coronato da un accordo (1993) sulla nascita dell'Autonomia palestinese. La situazione però si presenta sempre instabile nel territorio di Betlemme. Continuano gli scontri tra popolazione araba e forze israeliane. Il 21 dicembre 1995 la città passa definitivamente a far parte dell'Autonomia palestinese.

Nel marzo 2000 si ha il celebre pellegrinaggio di papa Giovanni Paolo II, durante il quale viene celebrata la santa messa sulla piazza della Mangiatoia, con successiva visita privata alla grotta della Natività.

Pochi mesi dopo, scoppia la seconda Intifada; i pellegrinaggi cessano quasi del tutto e il processo di pace è in stallo. Nel 2002 inizia la costruzione del "muro di separazione" tra Israele e i Territori Palestinesi. Anche Betlemme viene circondata e separata da Gerusalemme, con pesanti conseguenze sulla vita quotidiana degli abitanti.

Nel maggio del 2007 si ha un'importante scoperta archeologica: il prof. Ehud Netzer annuncia il ritrovamento della camera funeraria di Erode il Grande nel palazzo-mausoleo dell'Herodion, presso Betlemme.

Nel maggio 2009 papa Benedetto XVI si reca in pellegrinaggio al luogo della Natività e celebra una messa nella piazza della Mangiatoia. Nel 2014 papa Francesco visita a sua volta Betlemme, e incontra anche i bambini dei campi profughi nei dintorni (Dheisheh, Aida e Beit Jibrin).

STORIA

Pagina a fronte: gli scavi condotti dagli inglesi nella basilica (1934)

1. Una via della città
intorno al 1920

2. Soldato inglese
nella piazza della
Mangiatoia durante
la rivolta araba
del 1929

3. La piazza
del mercato
di Betlemme nel 1898

4. La basilica
della Natività
tra 1860 e 1880

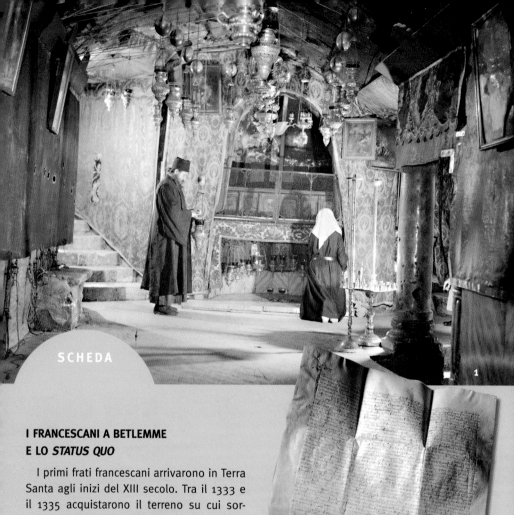

I FRANCESCANI A BETLEMME E LO *STATUS QUO*

I primi frati francescani arrivarono in Terra Santa agli inizi del XIII secolo. Tra il 1333 e il 1335 acquistarono il terreno su cui sorgevano il Cenacolo e il Santo Sepolcro. Il 21 novembre 1342 papa Clemente VI, con le bolle *Gratias agimus* e *Nuper carissimae*, affidò loro la custodia dei luoghi santi. Dal convento del Monte Sion si recavano abitualmente a fare le loro devozioni, nei giorni festivi stabiliti, presso i vicini santuari, tra i quali quello di Betlemme. Il santuario, non menzionato da Clemente VI nelle due bolle, venne concesso ai francescani dal sultano al-Muzaffar Hajji tra il 1346 e il 1347, come ci tramanda il cronista francescano Niccolò da Poggibonsi. Non esiste un firmano (decreto

1. Monaco ortodosso all'altare della Natività (anni '30 del Novecento)
2. Uno dei documenti conservati nell'archivio della Custodia di Terra Santa a Gerusalemme

sultaniale) che ufficializzi questa cessione, ma ne è conferma la citazione nel firmano di Bersabai del 1427. È molto probabile che fu Pietro IV, re di Aragona, a richiedere al sultano d'Egitto il santuario, come viene da lui esplicitamente scritto in due lettere, una indirizzata al sultano e una a papa Innocenzo VI. Di aiuto alla conferma della presenza francescana è una lettera di Giovanna I, regina di Napoli, inviata nel 1363 al sultano d'Egitto per richiedere alcuni privilegi per i frati minori. Grazie agli stretti rapporti tra francescani e regnanti europei e agli sforzi dell'allora guardiano fra Giovanni Tomacelli, nel 1479 si poté provvedere al rifacimento della travatura del soffitto della basilica bizantina. I materiali, offerti da Filippo il Buono di Borgogna ed Edoardo IV d'Inghilterra, furono trasportati con le galee di Venezia fino a Giaffa e poi a Betlemme, e resistono tuttora dopo secoli.

L'epoca ottomana non fu un tempo di pace: i francescani videro la loro proprietà revocata e messa in discussione dallo stesso vescovo titolare di Betlemme. Si rivolsero allora direttamente al pontefice Martino V, che con la bolla *Dudum siquidem* confermò ai frati il possesso dei santuari di Terra Santa.

Il destino dei francescani era influenzato dalle guerre fra gli ottomani, entro il cui regno risiedevano i greco-ortodossi, e le Repubbliche marinare. Nel 1669 i Turchi sconfissero la Serenissima e questo significò un ulteriore indebolimento della posizione dei cattolici: i greci vennero infatti autorizzati

a prendere possesso della basilica e della grotta della Natività.

Nel 1690 i latini ottennero di nuovo la grotta e nel 1717 sostituirono la stella che segnava il luogo della nascita di nostro Signore, ormai consunta, con una nuova recante l'iscrizione latina *Hic de Virgine Maria Jesus Christus*

Antica "stella" posta sul luogo della Natività

natus est. Nel 1757 i greci s'impossessarono della basilica e dell'altare della Natività, e nel 1847 fecero sparire la stella. Grazie all'intervento del governo francese presso la Sublime Porta, nel 1853 un'altra stella latina fu collocata nella grotta, sotto la mensa dell'altare. Pare che l'originale fosse nascosto nel monastero greco di Mar Saba. Nel frattempo, tra il 1810 e il 1829, gli armeni ortodossi erano riusciti a stabilirsi nella basilica e a impossessarsi del braccio nord del transetto.

Pressato da più parti, il sultano Abd al-Magid emise nel 1852 un firmano che congelava la situazione allo stato attuale delle cose; confermato successivamente, lo *status quo* sancito dal quel documento regola ancora oggi la comproprietà e l'accesso ai tre santuari contesi: basilica del Santo Sepolcro e tomba di Maria a Gerusalemme, basilica della Natività a Betlemme. Nonostante il firmano, le rivalità tra latini e greci si inasprirono dopo il luglio 1853, quando la Russia, pretendendo il diritto di tutela sui greco-ortodossi sudditi del sultano, entrò in guerra con l'impero ottomano. L'anno dopo, il conflitto si estese anche a Francia e Inghilterra. Gli interessi politico-religiosi sui luoghi santi, se non furono i soli motivi, ebbero tuttavia un peso determinante.

Nel 1873 i greci invasero la basilica della Natività, ferirono otto frati e saccheggiarono il presepio. Da quel momento, per ordine della Sublime Porta, un soldato turco montò la guardia presso l'altare della Natività. Tale consuetudine fu mantenuta successivamente, fino ad oggi.

Le chiavi per l'apertura della porta della basilica sono conservate da tutte e tre le comunità (latini, greco-ortodossi e armeni), ma l'apertura ufficiale spetta ai greci. Per quanto riguarda la grotta venerata, la proprietà è condivisa tra greci e latini, mentre le altre comunità hanno diritto d'uso. I latini possono celebrare messa solo all'altare dei Magi, presso la mangiatoia, mentre possono incensare l'altare e la stella della Natività. Di proprietà latina anche un accesso al luogo venerato dal complesso delle grotte di S. Gerolamo e dalla chiesa di S. Caterina: attraverso questo passaggio si svolge quotidianamente la processione guidata dai francescani.

Oggi i rapporti fra le tre confessioni sono cordiali e un certo spirito di collaborazione facilita la convivenza.

La piazza della Mangiatoia
nella prima metà del Novecento

L'ARTIGIANATO A BETLEMME

Tra le attività economiche più importanti della città di Betlemme possiamo sicuramente elencare quella dei prodotti di artigianato locale in legno di ulivo, madreperla e corallo. La storia di questo artigianato è direttamente collegata alla fraternità francescana di Betlemme che, a partire dal Cinquecento, costituì dei centri appositi per l'insegnamento dell'arte dell'intaglio e della lavorazione della madreperla, favorendo l'apertura di botteghe artigiane dedite a queste tecniche per realizzare arredi liturgici, presepi e altri manufatti. Ancora oggi l'economia di molte famiglie di Betlemme dipende dal passaggio dei gruppi di pellegrini.

La prima testimonianza di queste attività risale al 1586, quando il pellegrino belga Jean Zuallart, descrivendo il suo pellegrinaggio nei luoghi santi, parlava così di Betlemme: «Fanno corone e crocette di oliva, cedro e simili» (*Il devotissimo viaggio di Gerusalemme*, Roma 1595).

Oltre alla produzione di oggetti semplici iniziò anche la fabbricazione di manufatti di grande arte e valore: presepi, ma anche modellini in legno e madreperla dei luoghi santi di Gerusalemme e Betlemme, realizzati grazie agli studi prospettici di Bernardino Amico (1593-1597). Sotto l'impero ottomano, l'artigianato locale conobbe una battuta d'arresto a causa della diminuzione dei pellegrini. Solo all'inizio del XX secolo questa industria riprese con maggiore vigore. Ciò si deve anche al contributo di padre Pacifico Riga, direttore e insegnante di disegno della scuola di Betlemme, che riscoprì e valorizzò quest'arte.

Il presbiterio della basilica della Natività in un disegno di D. Roberts (1839)

IL BAMBINELLO DI BETLEMME

La statua di Gesù Bambino che viene portata in processione e deposta sulla stella della grotta della Natività la sera della vigilia di Natale – e che, dopo l'Epifania, ritorna all'altare della Madonna nella chiesa di S. Caterina – fu commissionata da fra Gabino Montoro ofm nel 1920 alla Casa Viuda Reixach di Barcellona. L'autore è l'artista Francisco Roges, al quale si deve anche la statuetta del Bambino in trono che viene portata dal padre Custode il giorno dell'Epifania. Entrambe sono in legno di cedro. Per la loro realizzazione furono preparati vari modelli e, tra questi, fu scelto il bambinello con le mani giunte.

La tradizione della rappresentazione di bambinelli è molto antica e legata alla devozione che Francesco d'Assisi e i suoi frati contribuirono a divulgare e accrescere. È do-

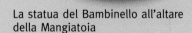

La statua del Bambinello all'altare della Mangiatoia

cumentata la spedizione di alcune statuette di bambinelli dalla Terra Santa in Italia fin dal 1414, usanza che prosegue fino ai giorni nostri. Anche oggi, infatti, non solo i francescani ma gli stessi pellegrini amano portarsi a casa, come ricordo del luogo santo della Natività, le statuette di Gesù Bambino.

La visita

La basilica della Natività

Percorrendo la via della Stella, come per tradizione fecero anche i Magi d'Oriente, in lontananza si scorge l'incanto di un luogo che da secoli richiama milioni di fedeli venuti da tutto il mondo per adorare il Bambino Gesù. Giunti al piazzale lastricato antistante la basilica, si apre la visione del santuario della Natività. Non è facile comprendere a prima vista la struttura architettonica del complesso, passato attraverso secoli di storia e trasformazioni. L'edificio attuale risale al VI secolo ed è opera degli architetti dell'imperatore bizantino Giustiniano, che volle ricostruire la basilica edificata nel IV secolo da Costantino. L'aspetto fortificato della costruzione è conseguenza dell'esigenza, manifestatasi nei secoli, di rendere sicura la struttura e le abitazioni dei religiosi che la custodivano. Affiancano la basilica il monastero armeno e quello greco-ortodosso, mentre a nord si trovano la chiesa di Santa Caterina con il monastero francescano e la Casa Nova per i pellegrini.

L'esterno

Il piazzale della Mangiatoia

In epoca costantiniana il piazzale attuale era parte dell'atrio di accesso alla basilica. Gli scavi archeologici hanno riportato alla luce il perimetro con colonnato sui quattro lati. Davanti all'ingresso sono state ritrovate delle cisterne per la raccolta dell'acqua piovana, che veniva usata nei riti e per la vita quotidiana dei monasteri. Attualmente il piazzale è limitato a sud dal muro di cinta del monastero armeno.

Pagina a fronte:
l'altare della Natività

La facciata

La facciata, la cui composizione si presenta poco chiara a causa delle numerose modifiche, appartiene alla struttura d'epoca giustinianea, e doveva essere maestosa e imponente, con tre portali d'accesso.

La facciata della basilica

Diversamente dall'edificio costantiniano, la facciata bizantina, preceduta dal nartece, fu spostata in avanti dello spazio di un intercolumnio. L'attuale piccola porta d'ingresso, chiamata "dell'umiltà", è il risultato delle riduzioni che furono apportate nel tempo: si riconosce facilmente la grande apertura centrale, di età bizantina, con architrave orizzontale. I crociati sostituirono questa, e le altre due laterali, con porte gotiche, più basse e arcuate. Tuttora si scorge l'arco a sesto acuto che inquadrava l'ingresso principale; gli accessi laterali, invece, scomparvero in una fase successiva dietro a un massiccio pilastro e al monastero armeno.

In epoca ottomana le dimensioni del portale centrale furono ridotte ulteriormente creando l'attuale apertura (alta 130 cm e larga 78 cm), realizzata per impedire l'accesso a coloro che volevano dissacrare il luogo di culto entrandovi a cavallo. Le continue riduzioni fanno riflettere sulle alterne fasi della cristianità a Betlemme: periodi in cui la libertà di culto garantiva il riconoscimento della fede cristiana e altri in cui le persecuzioni e le intolleranze rendevano difficile la vita dei fedeli locali.

Il nartece

Entrando dalla porta dell'umiltà si accede al nartece realizzato in età bizantina. Nella tradizione cristiana antica il nartece era uno spazio destinato ai catecumeni, che non potevano assistere ad alcuni momenti delle celebrazioni, o ai penitenti. In epoca costantiniana il nartece non esisteva; vi era invece un ampio atrio aperto e colonnato sui quattro lati.

Il pavimento è quello originale del VI secolo. Le pareti, oggi coperte d'intonaco, dovevano essere rivestite da lastre di marmo bianco. Sulla base degli studi di architettura bizantina, si suppone che il nartece fosse anche arricchito con mosaici. Restauri accurati potrebbero far tornare alla luce tali decorazioni musive.

Il vestibolo giustinianeo è diviso in quattro zone. In epoca crociata le aree alle due estremità erano il piano inferiore dei campanili, torri che si elevavano su quattro piani. Oggi questi due spazi, caratterizzati da archi tipicamente crociati, ospitano uno la portineria del monastero armeno, l'altro la cappella di Sant'Elena, proprietà dei frati francescani, cui si accede tramite l'atrio di S. Caterina. Un quarto spazio, alla sinistra della porta d'ingresso, è utilizzato dai militari che presidiano e sorvegliano la basilica fin dall'epoca ottomana. È possibile vedere le pareti restituite allo stato originale nella portineria del monastero armeno: sono evidenti i fori nei blocchi di pietra utili all'ancoraggio dei marmi di rivestimento.

L'antico portale di legno che immette nella basilica ha più di 700 anni ed è stato donato dal re armeno Aitone, figlio di Costantino di Barbaron, nel 1227 (come si legge nell'iscrizione in lingua araba e armena alla sommità della porta), a testimonianza delle buone relazione tra i latini e la Chiesa armena. Il portale di finissima fattura, recentemente restaurato, presenta una decorazione floreale in tipico stile armeno.

La porta dell'umiltà

VISITA

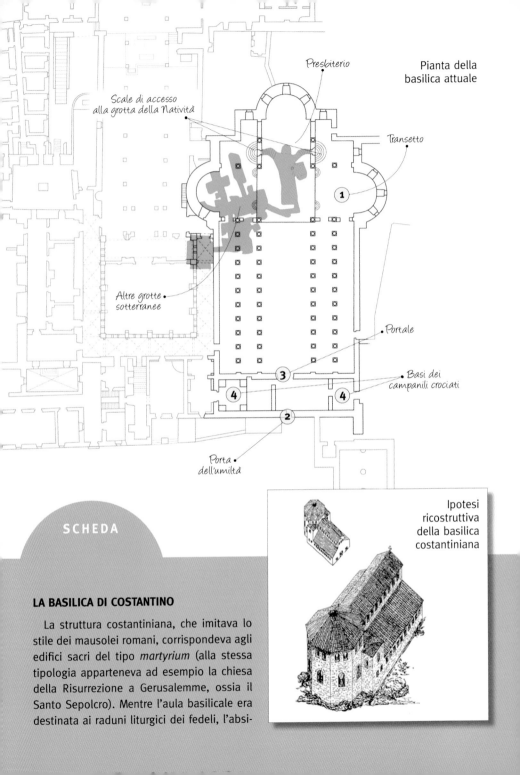

Pianta della
basilica attuale

Presbiterio

Scale di accesso
alla grotta della Natività

Transetto

1

Altre grotte
sotterranee

Portale

3

Basi dei
campanili crociati

4   **4**

2

Porta
dell'umiltà

Ipotesi
ricostruttiva
della basilica
costantiniana

LA BASILICA DI COSTANTINO

La struttura costantiniana, che imitava lo stile dei mausolei romani, corrispondeva agli edifici sacri del tipo *martyrium* (alla stessa tipologia apparteneva ad esempio la chiesa della Risurrezione a Gerusalemme, ossia il Santo Sepolcro). Mentre l'aula basilicale era destinata ai raduni liturgici dei fedeli, l'absi-

1. Il transetto della basilica

2. La "porta dell'umiltà" dall'interno

3. Il portale di accesso alla basilica dal nartece

4. Pianta e sezione dei campanili crociati (da B. Bagatti, *op. cit.*)

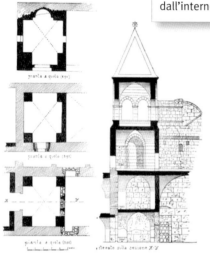

de ottagonale aveva la funzione di custodire l'area sacra. Il complesso costantiniano era formato da tre parti: atrio, basilica e abside. All'esterno dell'edificio di culto si apriva uno spazioso atrio, pavimentato con grandi lastre di pietra e circondato da portici. Dal portico orientale si accedeva attraverso tre porte (quella centrale era larga 3 m, quelle laterali 1,5 m) alla basilica, costruita a forma di quadrato, i cui lati misuravano 26,5 m. La chiesa era divisa in cinque navate da quattro file di colonne. La scala posta all'inizio della navata centrale conduceva alla grotta della Natività. Sopra di essa, un po' più in alto rispetto al pavimento della basilica, si trovava l'abside (oppure una conca) ottagonale. Il centro dell'abside era occupato da un baldacchino circolare (*ciborium*) di metallo prezioso fissato su un basamento ottagonale costituito da tre gradini. È difficile stabilire se sotto il baldacchino si trovasse un altare oppure se vi si aprisse un'apertura nella roccia (*oculus*) che consentiva di guardare all'interno della grotta. Il pavimento di tutte le navate della basilica, in particolare di quella centrale, era in mosaico finemente lavorato. La grotta conservò all'interno il suo aspetto originale, a eccezione solo della mangiatoia, che all'origine poteva essere un anfratto roccioso e che venne sostituita con una mangiatoia di metallo prezioso.

L'interno

Al suo interno la basilica ha conservato molti elementi architettonici del VI secolo. Secondo Eutichio, patriarca di Alessandria (X secolo), l'imperatore Giustiniano, al momento della visione del progetto, non approvò le scelte fatte dall'architetto, e lo accusò di aver sperperato i fondi, condannandolo alla decapitazione. Nonostante l'insoddisfazione dell'imperatore, la struttura ha dimostrato di essere ben solida, arrivando intatta fino a oggi.

Il pavimento in epoca costantiniana era completamente rivestito di mosaici finemente lavorati, com'è stato accertato dagli scavi condotti dal governo mandatario inglese tra il 1932 e il 1934. I mosaici presentano decorazioni geometriche e floreali e si possono ancora osservare attraverso alcune botole che si aprono nel piano di calpestio. Oggi il pavimento è ricoperto da un semplice lastricato in pietra grezza, realizzato nel 1842, mentre in epoca bizantina consisteva in lastre di marmo bianche con venature particolarmente accentuate, di cui resta un esempio nella zona del transetto nord.

Lo spazio interno, diviso da 44 colonne in cinque navate, è scuro e poco illuminato. Nel VI secolo doveva essere completamente rivestito di marmo: ne restano le tracce dei fori di ancoraggio alle pareti.

Il colonnato, oggi interrotto dal transetto, doveva proseguire creando un deambulatorio intorno alla grotta della Natività. Questo tipo di struttura architettonica è tipica dei *martyrium* perché secondo la tradizione il pellegrino, girando ripetutamente intorno al luogo venerato (legato a Cristo, come in questo caso, o alle memorie di un santo), poteva acquisirne le grazie.

Le colonne in pietra rosata di Betlemme e i capitelli sono di epoca bizantina, opera di artigiani locali. I raffinati capitelli erano dipinti d'azzurro. Le colonne recano immagini a encausto di santi orientali e occidentali, religiosi e laici.

Le pareti della navata centrale, alte 9 metri, presentano decorazioni musive di grande pregio, databili al XII secolo,

Alcuni dei mosaici parietali dopo il restauro

opera di maestri orientali; dal 2013 sono interessati da un vasto programma di restauro – nel quadro di un intervento conservativo che riguarda l'insieme della basilica – che ne sta restituendo tutto lo splendore. I mosaici sono divisi in tre registri e rappresentano, partendo dal basso: la genealogia di Gesù; i principali concili ecumenici e provinciali, e i sinodi locali; infine, in alto, una processione di angeli che avanzano con le mani tese verso l'abside. Una fonte greca del IX secolo testimonia l'esistenza di precedenti decorazioni musive risalenti al periodo bizantino. Tra queste è nota la rappresentazione con i Magi in abiti orientali; la raffigurazione è legata alla vicenda dei soldati persiani che invasero la città nel 614 d.C.: intimoriti dalla visione del mosaico, avrebbero rinunciato alla distruzione del santuario.

I transetti, che ancora conservano l'originale pavimentazione in marmo di età bizantina, oggi ospitano icone e arredi sacri della tradizione greco-ortodossa (transetto sud) e armena (transetto nord). Anche questa parte della basilica conserva decorazioni musive crociate.

I mosaici pavimentali

Il pavimento della prima basilica costantiniana, che saliva in direzione della zona absidale, era totalmente ricoperto da un tappeto musivo, riportato alla luce dagli scavi inglesi circa 75 cm sotto l'attuale piano di calpestio. In età bizantina, a seguito della variazione delle dimensioni della basilica, la pavimentazione fu rivestita di lastre di marmo bianco venato. Tuttavia, attraverso delle botole, è possibile godere ancora oggi della visione di questi antichi manufatti.

La fattura è minuziosa e raffinata, soprattutto nella navata centrale. È stato calcolato l'impiego di 200 tessere ogni 10 cm^2 di superficie, quando mediamente la densità di tasselli è di 100 ogni 10 cm^2. Il dato aiuta a comprendere la preziosità

Resti dell'antico pavimento musivo del IV secolo

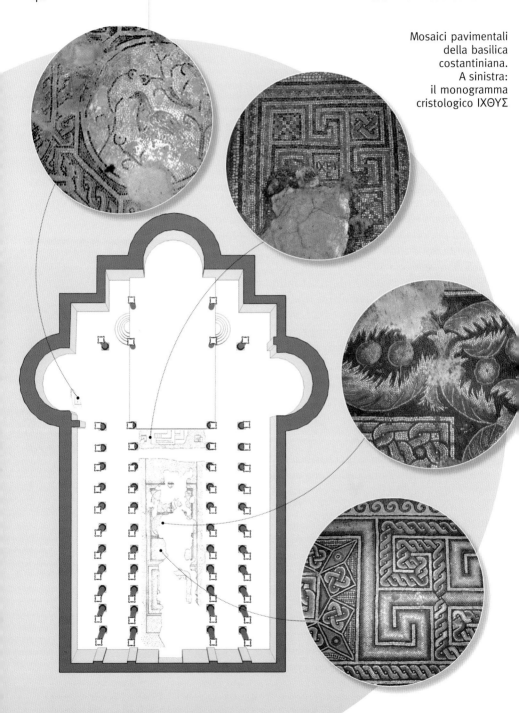

Mosaici pavimentali
della basilica
costantiniana.
A sinistra:
il monogramma
cristologico ΙΧΘΥΣ

VISITA

di queste opere, caratterizzate da disegni raffinati e ricchi di sfumature di colore. Il risultato è quello di una decorazione musiva molto dettagliata, emblematica dell'importanza del luogo e della committenza.

I mosaici della navata centrale e dell'abside recano elementi geometrici e decorativi (svastiche, tondi, cornici con nastri intrecciati). Più rari gli elementi vegetali, come foglie di acanto, frutta e viti; eccezionale è la rappresentazione di un gallo, nel transetto nord. Un elemento interessante è conservato nella navata centrale a ridosso del transetto dove, aprendo la botola di legno, si può scorgere un monogramma

con le lettere IXΘΥΣ: il segno, usato nell'antichità per indicare il nome di Cristo (acronimo delle parole: Ιησοῦς Χριστός Θεοῦ Υἱός Σωτήρ, "Gesù Cristo Figlio di Dio Salvatore"), letteralmente significa "pesce". Si tratta dell'unico simbolo certo di cristianità del luogo.

La navata centrale, con le botole che custodiscono gli antichi mosaici

S MACARIVS   S ANTONIVS   S EVTIMIVS   S GEORGIVS

S LEONARDVS   SCS COSMAS   S·DAMIANVS   S CATALDVS

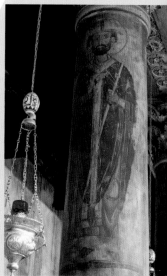

SMARIA·V·COEL   S IOhANNES EVA   S TEODOSIUS

Riproduzione
stilizzata di alcune
delle figure realizzate
sulle colonne
della navata centrale

Pagina a fronte,
in basso: alcune
delle colonne dipinte
nella navata
laterale destra

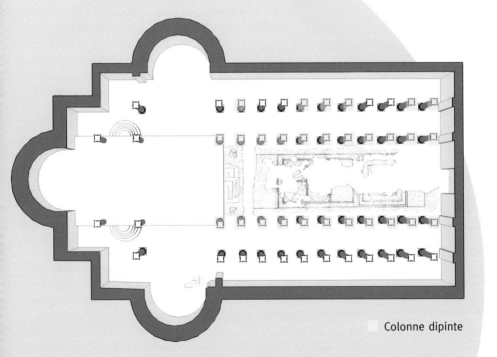

Colonne dipinte

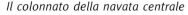

Le colonne delle navate recano segni, firme e stemmi lasciati dai pellegrini nel corso dei secoli

Il colonnato della navata centrale

La decorazione pittorica delle colonne, studiata da padre Germer-Durant nel 1891, rappresenta uno degli elementi più interessanti della basilica. La tecnica utilizzata è quella dell'encausto, che imprime i pigmenti mescolati a cera con l'effetto del calore.

È difficile riconoscere una continuità e un'organicità nel progetto iconografico. Non c'è un unico artista né un solo periodo di produzione, per cui si pensa che i lavori venissero richiesti da singoli committenti a pittori diversi. Tutte le immagini risalgono comunque all'epoca crociata, dopo l'avvenuta separazione tra la Chiesa d'Oriente e quella d'Occidente. Nelle colonne sono rappresentati santi di entrambe le tradizioni e alcune raffigurazioni della Vergine; si possono vedere anche numerosi graffiti lasciati dai pellegrini nel corso dei secoli (firme e stemmi).

I riquadri che contengono le figure sono posti sulle colonne della navata centrale e della prima fila a sud. Sono contornati da una striscia di colore rosso o biancastro, mentre le figure dei santi spiccano su fondo turchino. Ogni santo presenta il proprio nome scritto in un cartiglio posto tra le mani o sulla sommità. La funzione di questo tipo di immagini venne descritta dal pellegrino Arculfo (VII secolo), che testimoniò l'usanza di celebrare messe in prossimità delle colonne nel giorno proprio del santo. È possibile che servissero anche da attestazione di un pellegrinaggio portato a termine. Per gli ecclesiastici del tempo le colonne dipinte servivano a richiamare metaforicamente la presenza di quei particolari santi nel luogo. È pensiero diffuso, oggi come allora, che i santi rappresentino coloro che sorreggono il peso della Chiesa: le loro immagini sulle colonne trasmettono con forza e semplicità questo concetto a tutti i fedeli che visitano la basilica.

Il colonnato
e i mosaici parietali
della navata centrale
(prima dei restauri)

I mosaici parietali

La navata centrale è oggetto di un restauro che dopo secoli restituirà luce e splendore ai mosaici crociati. Affascinante è l'effetto dato dalle tessere dorate e dalle argentee incrostazioni in madreperla che un tempo ricoprivano tutte le pareti della basilica. Le decorazioni parietali, disposte su fasce diverse, sono in parte ricoperte da intonaco. I restauri hanno evidenziato che le tessere sono state posate inclinate verso il basso, per far risaltare la bellezza del mosaico osservato da diversi metri più in basso. In questo modo il pellegrino che entra nella chiesa riceve un forte impatto visivo.

La testimonianza più diretta e precisa della decorazione parietale è del padre Francesco Quaresmi che nel suo *Elucidatio Terrae Sanctae* (1639) descrisse con minuzia di particolari i soggetti dei mosaici. Nella prima fascia, sul lato destro, sono rappresentati san Giuseppe e gli antenati di Cristo secondo la genealogia del vangelo di Matteo, con relative citazioni in latino. Simmetricamente, secondo la testimonianza del Quaresmi, nel lato sinistro doveva essere rappresentata la genealogia secondo Luca. Nella seconda teoria, intervallati da fasci di foglie d'acanto, sono rappresentati i concili ecumenici (Nicea, 325; Costantinopoli, 381; Efeso, 431; Cal-

Il Concilio di Sardica,
sulla parete nord
della navata centrale

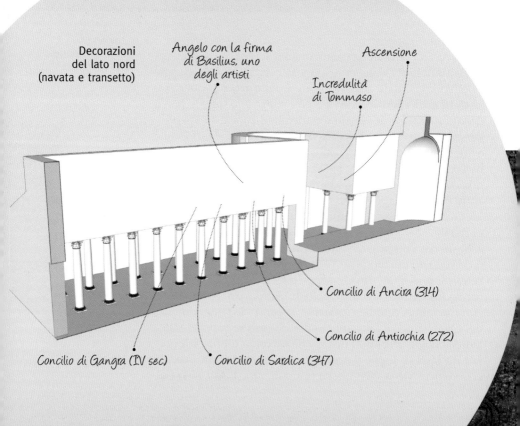

Decorazioni
del lato nord
(navata e transetto)

Angelo con la firma
di Basilius, uno
degli artisti

Ascensione

Incredulità
di Tommaso

Concilio di Ancira (314)

Concilio di Antiochia (272)

Concilio di Gangra (IV sec)

Concilio di Sardica (347)

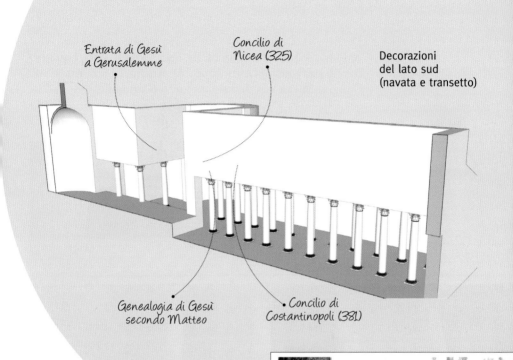

Entrata di Gesù
a Gerusalemme

Concilio di
Nicea (325)

Decorazioni
del lato sud
(navata e transetto)

Genealogia di Gesù
secondo Matteo

Concilio di
Costantinopoli (381)

Particolari dei mosaici
della parete sud della
navata (a sinistra:
alcuni degli antenati
di Gesù)

cedonia, 451; Costantinopoli III, 680; Nicea II, 787), i quattro concili provinciali (Antiochia, 272; Ancira, 314; Sardica 347; Gangra, 340 ca.) e i due sinodi locali (Cartagine, 254; Laodicea, 363-364). Ogni concilio è rappresentato da un edificio sacro e spiegato con l'aiuto di un cartiglio in cui si esplicita

Navata centrale,
la parete nord

la decisione presa. Nel livello più alto si trova la raffigurazione di angeli in processione verso la grotta della Natività, vestiti di tuniche bianche. Ai piedi di uno degli angeli è stata apposta la firma "Basilius", uno degli artisti, di probabile origine siriana. Nella crociera della basilica si possono ancora osservare scene desunte dai vangeli canonici: l'incredulità di Tommaso (forse quella meglio conservata), l'Ascensione e la Trasfigurazione nel transetto nord; l'entrata di Gesù a Gerusalemme in quello sud. Secondo la testimonianza del Quaresmi, nel catino absidale doveva essere rappresentata la figura della Vergine con il Bambino e nell'arco soprastante l'Annunciazione di Maria, tra i profeti Abramo e Davide. Sulle pareti sottostanti si succedevano scene della vita della Madonna tratte dagli scritti apocrifi. In controfacciata, sopra il portale d'ingresso, era rappresentato l'albero di Iesse con Gesù e i profeti, ora ricoperti da intonaco.

Tre iscrizioni aiutano a definire la datazione dei mosaici. Sulla parete del presbiterio corre un'iscrizione del 1169, conservata in parte solo in greco, che nomina i committenti: l'imperatore bizantino Manuele Comneno, il re di Gerusalemme Amalrico, il vescovo di Betlemme Raoul e l'artista che li eseguì, Efrem. Una seconda iscrizione del 1130 accompagna la raffigurazione della *Glykofilúsa* (Madonna della tenerezza). Una terza, in lingua araba, sulla colonna con l'effigie di santa Fosca, menziona l'anno 1191. Se ne deduce che l'apparato decorativo deve essere stato eseguito negli ultimi decenni del Regno crociato di Gerusalemme, che si dissolse nel 1187.

Gli ultimi studi effettuati dopo i rilievi per i restauri hanno sollevato una nuova questione relativa all'origine delle maestranze impegnate nei mosaici. L'ipotesi punta l'attenzione sulla possibilità che siano stati artisti locali a lavorare al progetto decorativo, come avveniva normalmente, per motivi di praticità. Le firme dei mosaicisti, Efrem e Basil, nomi di sicura origine siriana, sono un buon indicatore in tal senso. È anche possibile ipotizzare che siano intervenuti maestri o progettisti greci, ma è anche chiaro che chi ha elaborato queste decorazioni conosceva bene le opere realizzate in Terra Santa dagli artisti europei. Le ultime ricerche affermano che, per quanto riguarda l'arte musiva, nella basilica è contenuta la più grande esperienza artistica d'epoca crociata, prodotta dall'incontro tra arte bizantina e occidentale. I mosaici raccontano così il "volto" ecumenico, il punto di contatto tra le Chiese d'Oriente e d'Occidente, di cui la basilica della Natività è ancora oggi testimone.

La firma di Basilius, uno degli artisti all'opera sulle pareti della basilica

VISITA

Il presbiterio

L'iconostasi greca posta nel presbiterio risale al 1764. L'area sovrastante la grotta della Natività era di forma ottagonale nella basilica costantiniana, come è stato rilevato dagli scavi del 1932-1934. Secondo le indagini e le ricostruzioni, nel IV secolo si poteva accedere al presbiterio da scalinate poste lungo i muri perimetrali. All'interno del perimetro dell'ottagono, sotto l'attuale pavimento, sono state rinvenute decorazioni a mosaico simili a quelle della navata centrale, ma molto più pregiate, con animali, vegetali ed elementi geometrici. Questa zona è quella che subì più trasformazioni in epoca giustinianea. Tutta l'area fu ampliata in tre direzioni con l'aggiunta di tre ampie absidi. Il baldacchino metallico che si ergeva al centro dell'ottagono fu sostenuto da un vero e proprio presbiterio di forma lunare collocato al centro dell'area, per facilita-

VISITA

Pagina a fronte,
in alto: scorcio
del presbiterio.
In basso:
la croce lignea
soprastante
l'ingresso destro
alla grotta
della Natività

A lato: veduta
del transetto

re la circolazione dei pellegrini intorno al luogo santo. In quest'occasione venne trasformato l'ingresso alla grotta e furono create due entrate.

Le grotte

Un articolato sistema di grotte sotterranee si estende al di sotto della basilica della Natività. Già nell'antichità erano destinate a uso funerario e hanno mantenuto nel tempo questa vocazione.

La grotta più nota è quella della Natività, oggetto di venerazione secolare. A questa è collegata la grotta di S. Giuseppe, divisa in due spazi e comunicante con il convento dei francescani. Il passaggio che la unisce alla grotta della Natività è utilizzato per la processione quotidiana dei frati francescani. Dando le spalle all'altare di S. Giuseppe, sulla destra si trovano

L'ingresso sinistro
alla grotta venerata,
sotto il presbiterio

IL TETTO DELLA BASILICA

A differenza di numerose chiese orientali, la copertura del tetto non era a volta ma a travatura coperta, come viene descritto da Ludovico de Rochechouart prima dei restauri nel 1461: «Nel tetto v'è una struttura lignea costruita in antichi tempi. Questa di giorno in giorno va in rovina soprattutto nel coro. I Saraceni non vogliono permettere né di edificare, né di riparare, così è un miracolo del Piccolo che ivi è nato se resta ancora».

Il tetto della basilica della Natività subì un notevole rifacimento nel 1479 per volontà dell'allora guardiano Giovanni Tomacelli. Il legname, pagato da Filippo il Buono di Borgogna, venne trasportato dalle navi veneziane, mentre il piombo per la copertura fu regalato da Edoardo IV, re d'Inghilterra. Un successivo rifacimento ad opera dei greci venne effettuato nel 1671; in quest'occasione fu sostituito il legno di cedro con quello di pino, come testimoniato dal gesuita Michel Nau.

L'enorme impiego di materiali e risorse economiche produsse il felice risultato di un tetto che dura fino a oggi. A causa del forte degrado che provocava infiltrazioni d'acqua (dovute in particolare alla struttura in piombo che in estate raggiunge temperature altissime, modificandosi con il calore e causando spostamenti nella struttura), dopo anni è stato finalmente raggiunto un accordo per il restauro. Finanziato dall'Autorità Palestinese, il restauro del tetto e delle vetrate è iniziato nel 2013 ed è in corso d'opera.

Lo studio sul legname ha stabilito che le travi più antiche, in legno di cedro, risalgono ai secoli VI e VII. È stata individuata anche la presenza di legno di quercia e di larice. L'analisi dendrocronologica ha datato questi legni all'inizio del XV secolo, definendone la provenienza dalle Alpi orientali italiane. Tale analisi è confermata dagli archivi che spiegano come nel XV secolo la Repubblica di Venezia, la cui sovranità si estendeva in quel periodo fino alle Alpi orientali, avesse offerto il legno necessario al restauro della chiesa.

due piccole grotte, la seconda delle quali è dedicata ai Santi Innocenti. Di fronte è conservato un arco pre-costantiniano, appartenente a una cella funeraria, sfondato all'epoca di Costantino per costruire le fondazioni della basilica. Si ipotizza che questo punto della grotta, che è anche l'attuale accesso dalla chiesa di S. Caterina, fosse l'ingresso originario della spelonca.

Sempre tenendo le spalle all'altare di S. Giuseppe, sulla sinistra si apre il passaggio a due grotte: la cella di S. Girolamo e quella dei Cenotafi, dove furono rinvenute le tombe dei santi Girolamo, Paola ed Eustochio e di Eusebio, insieme a 72 sepolcreti di diverse epoche.

La grotta della Natività

Oggi l'ingresso è posto lateralmente rispetto al luogo della nascita di Gesù ma si ipotizza che nel IV secolo fosse collocato davanti, con accesso dal presbiterio. Le porte mar-

VISITA

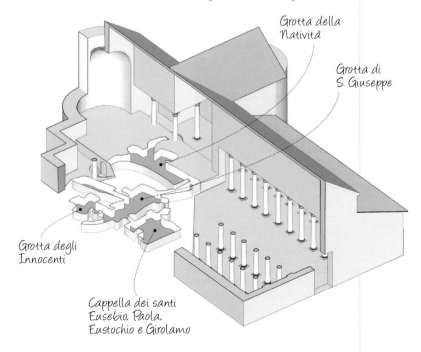

Grotta della Natività

Grotta di S. Giuseppe

Grotta degli Innocenti

Cappella dei santi Eusebio, Paola, Eustochio e Girolamo

moree dei due accessi laterali risalgono al tempo dei crociati. L'entrata avviene dalla scalinata a destra del presbiterio. Lo spazio all'interno della grotta è angusto; le pareti, originariamente irregolari, oggi descrivono un perimetro quasi rettangolare di 12 metri di lunghezza per 3 di larghezza.

I muri, abbelliti nella fase costantiniana, furono ricoperti di marmo in epoca bizantina. Si iniziò a venerare l'altare della Natività solo quando, nel periodo bizantino, fu creato questo spazio in ricordo del luogo preciso della nascita di Gesù. L'attuale struttura è ormai totalmente modificata rispetto a quella descritta dal pellegrino Focas e dall'abate Daniele nel XII secolo. Due colonne in pietra rossa e l'iscrizione: «Gloria in excelsis Deo et in terra pax hominibus» sovrastano l'altare, dove sono rappresentati la Vergine e il Bambino in fasce, la scena del lavacro e quella della venuta dei pastori. Sotto l'altare è posta la stella con l'iscrizione latina: «Hic de Virgine Maria Iesus Christus natus est» in ricordo del luogo preciso della Natività. A destra dell'altare c'è il luogo dove Maria pose Gesù dentro la mangiatoia, detto anche "del presepio". In questo punto della grotta il pavimento è più basso e il vano è costituito da colonne simili a quelle bizantine della navata centrale della basilica e da resti di due colonne crociate. Di fronte al presepio c'è un piccolo altare dedicato ai Magi, dove i latini celebrano la Santa Messa. Dopo l'incendio del 1869, le pareti della grotta furono ricoperte di pannelli d'amianto, dono del presidente della Repubblica francese, il maresciallo Mac Mahon. Sotto il rivestimento sono ancora visibili i marmi crociati originari.

Francescani in preghiera nella grotta della Natività

STALLA O GROTTA: DOVE È NATO GESÙ?

Nella tradizione dell'Occidente cristiano, il luogo della nascita di Gesù viene abitualmente identificato con una capanna o una stalla. Ma dove è nato realmente il Bambino?

Il racconto più lungo sulla nascita di Gesù si trova nel vangelo di Luca (Lc 2,1-7). Luca scrive che proprio «mentre si trovavano in quel luogo [Betlemme]» per il censimento, per Maria si compirono i giorni del parto. Non si può escludere che Giuseppe, essendo originario di Betlemme, abbia potuto contare sull'ospitalità di qualche parente. L'alloggio in cui Giuseppe e Maria si sistemarono doveva essere una normale abitazione (cfr. Mt 2,11: i Magi sono «entrati nella casa»), povera e priva di comodità, ma parte integrante di una casa abitata.

Il problema del luogo della nascita di Gesù in apparenza si direbbe risolto, se non intervenisse la posteriore tradizione cristiana. Infatti, nel periodo successivo al Nuovo Testamento mancano le testimonianze letterarie a sostegno di una casa o di una stanza; al loro posto invece, dalla metà del II secolo, compare la menzione di una «grotta». Essa viene citata dal santo martire Giustino (*Dialogo con Trifone* 78,5), Origene (*Contro Celso* I,51), Eusebio di Cesarea (*Dimostrazione evangelica* 7,2), Cirillo di Gerusalemme (*Catechesi* 12,20), Girolamo (*Lettera* 46,11; 108), Egeria (*Itinerarium* 42) e da altri ancora. A partire dalla metà del IV secolo i pellegrini cristiani potevano inoltre ammirare la magnifica basilica che l'imperatore Costantino fece costruire sopra la santa grotta in cui, come attestava una lunga tradizione, venne al mondo il Salvatore (cfr. Eusebio di Cesarea, *Vita di Costantino* 3,43). Questa grotta fu venerata dai cristiani fin dai primi secoli.

A chi dunque bisogna dare ragione? Ai racconti evangelici che parlano di una «casa» e di una «stanza», oppure alla tradizione cristiana che indica invece una «grotta» come luogo della nascita di Gesù? A questo punto occorre ricordare la tecnica orientale di fabbricazione delle case. Nell'antichità le grotte servivano soprattutto come magazzini per il grano e altri alimenti, come stalle per gli animali ma anche, in circostanze particolari, come abitazioni per gli uomini. Ancora oggi in Palestina si possono vedere misere abitazioni arabe sorte sopra una grotta. La collina sulla quale sorge oggi la Basilica della Natività era ricca di grotte naturali che venivano usate al tempo di Cristo. Una di essa divenne la sua culla.

Riassumendo: a causa del censimento, alla piccola Betlemme accorse molta gente; gli abitanti non potevano offrire a tutti un alloggio adeguato, molti perciò dovettero sistemarsi nelle grotte. Così avrebbero fatto Maria e Giuseppe.

Le grotte di S. Giuseppe (sopra) e degli Innocenti (sotto)

La grotta di S. Giuseppe

È possibile accedere al complesso di grotte poste a ovest di quella della Natività passando attraverso la chiesa di S. Caterina. La prima grotta è dedicata a san Giuseppe. Questo, rivisitato in stile moderno dall'architetto p. Alberto Farina, doveva essere l'antro più vicino al luogo della Natività. Scendendo le scale che partono dalla navata laterale di S. Caterina si possono notare le fondazioni di un muro costantiniano e un arco di età precedente, che attesta come il luogo fosse usato come sepolcreto *ad sanctos* prima della costruzione della basilica. Infatti, l'abitudine di seppellire i morti vicino ai luoghi santi era usanza comune, anche in occidente (per esempio a Roma).

La grotta degli Innocenti

Mantenendo le spalle all'altare di S. Giuseppe, sulla destra si apre la grotta dedicata ai Santi Innocenti, dove sono visibili tre arcosoli sotto i quali vi sono dalle due alle cinque fosse sepolcrali ciascuno. Qui viene fatta memoria della strage degli Innocenti provocata da Erode il Grande poco

Giotto, *Natività*,
Padova, Cappella
degli Scrovegni

dopo la nascita di Gesù. Nei primi secoli, la memoria degli Innocenti era ricordata nella grotta vicina, che doveva essere una fossa comune in cui furono rinvenute molte ossa.

La grotta delle tombe e la cella di S. Girolamo

Prima di arrivare alla cella di S. Girolamo si attraversa una grotta destinata a sepolcreto con due altari: uno è dedicato a san Girolamo, l'altro a Eusebio di Cremona, suo successore alla guida del monastero betlemita, e alle sante Paola ed Eustochio (sua figlia), seguaci di Girolamo. Presso quest'ultimo altare sono collocati tre sepolcri, secondo lo stile delle catacombe romane, fatto che potrebbe dare credito all'ipotesi della presenza di fedeli latini a Betlemme.

L'ultima grotta è dedicata allo Studio di san Girolamo. Teologo e dottore della Chiesa, Girolamo fondò il primo monastero presso la grotta della Natività, dove tradusse la Bibbia in latino (la celebre *Vulgata*). Questo spazio è dedicato alla celebrazione per i pellegrini. Da qui era possibile risalire al chiostro di S. Caterina attraverso una scalinata, non più praticabile.

L'altare nella cella
di S. Girolamo

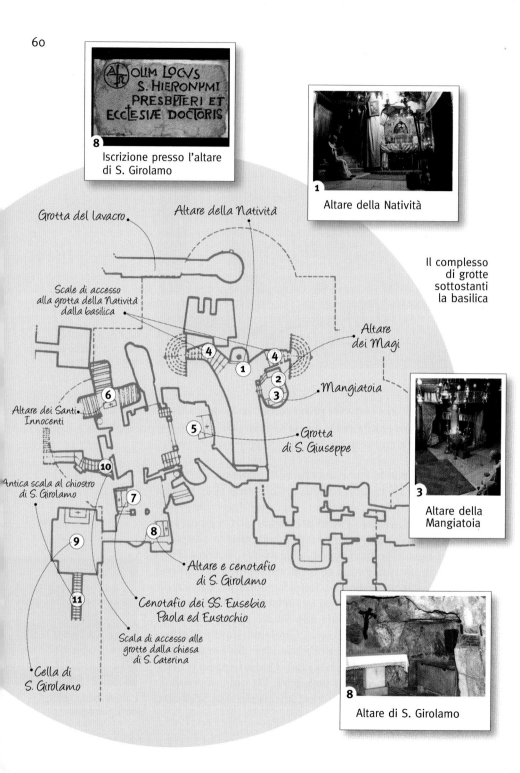

60

OLIM LOCVS
S. HIERONYMI
PRESBITERI ET
ECCLESIÆ DOCTORIS

8 Iscrizione presso l'altare di S. Girolamo

1 Altare della Natività

Grotta del lavacro

Altare della Natività

Il complesso di grotte sottostanti la basilica

Scale di accesso alla grotta della Natività dalla basilica

Altare dei Magi

4 **4**

1

2

3 Mangiatoia

Altare dei Santi Innocenti

6

5 Grotta di S. Giuseppe

Antica scala al chiostro di S. Girolamo

10

7

3 Altare della Mangiatoia

9

8

Altare e cenotafio di S. Girolamo

11

Cenotafio dei SS. Eusebio, Paola ed Eustochio

Scala di accesso alle grotte dalla chiesa di S. Caterina

Cella di S. Girolamo

8 Altare di S. Girolamo

CHI ERANO I RE MAGI?

Della venuta dei Magi dall'Oriente si parla solo nel vangelo di Matteo (2,1-12). Chi fossero esattamente e da dove provenissero è una domanda che ricorre da sempre.

I Magi potevano provenire dalla Persia. Si pensa che la parola greca *magos* fosse presa in prestito dall'antico persiano, nel quale il termine *magush* indicava, a seconda dei casi, sacerdoti esperti di arti magiche, uomini dediti a propaganda religiosa oppure astrologi. I maghi erano considerati detentori di un sapere fuori dell'ordinario, e quindi ritenuti capaci di entrare in sintonia con le energie più nascoste del cosmo. Un'altra ipotesi colloca la patria dei Magi a Babilonia e li considera come saggi esperti in astronomia e astrologia, discipline molto apprezzate nella capitale assira (cfr. Dn 2,2; 4,4). Infine, secondo una tesi suffragata da alcuni passi dell'Antico Testamento, la patria dei Magi-re sarebbe da collocare in Arabia o nell'Africa orientale; al tempo di Cristo, il nome "Arabia" veniva dato ai territori che si estendevano "a Oriente", ossia a est del fiume Giordano. Era la terra abitata dal popolo dei Nabatei, tra i cui interessi rientrava anche l'astronomia.

Difficile dire a quale di queste ipotesi si debba dare credito. L'unica cosa certa è che le profezie dell'Antico Testamento che annunciavano la venuta dei re stranieri per rendere omaggio al Messia (oppure a Gerusalemme) hanno contribuito a divulgare l'immagine dei Magi evangelici, che si era formata nella posteriore tradizione cristiana.

Matteo non ha indicato il numero dei Magi. Dal tipo di doni che recavano nacque la tradizione che fossero tre e di stirpe regale. Risultò naturale anche attribuire a ciascuno un nome proprio. A partire dal IX secolo si imposero in Occidente i nomi oggi conosciuti. Ma la popolarità dei nomi Gaspare, Melchiorre e Baldassarre si deve soprattutto alla liturgia e all'arte sacra. Fu grazie ai sermoni, ai canti, alle sculture, ai quadri e alle vetrate poste nelle chiese che il popolo del Medioevo, in maggioranza analfabeta, conobbe la leggenda dei Re Magi e acquisì familiarità con la loro storia. Una lettura allegorica delle figure dei Magi favoriva poi la trasmissione di un messaggio teologico: il diverso colore della loro pelle indicava le tre principali razze umane e i tre continenti (Europa, Asia e Africa), ossia tutto il mondo allora conosciuto, al quale era rivolta la missione redentrice di Cristo; il colore dei loro abiti di foggia inconsueta era associato agli stati di celibato, matrimonio e penitenza, mentre il loro aspetto (uno giovane e imberbe, l'altro dai lunghi capelli e la barba folta e il terzo anziano e dai capelli bianchi) doveva simboleggiare le fasi della vita umana.

In parallelo si sviluppò il culto delle reliquie dei tre Re. Le loro spoglie sarebbero state ritrovate in Persia e da lì portate da sant'Elena a Costantinopoli. In seguito furono trasferite a Milano nella basilica di S. Eustorgio. Nel 1162, l'imperatore Federico I Barbarossa se ne impossessò e due anni dopo le fece traslare nel duomo di Colonia, dove sono tuttora conservate in un prezioso reliquiario.

1-2. L'altare dei Magi
e il relativo dipinto

3. L'altare della Mangiatoia

4. La stella che segna
il luogo della Natività

5. L'altare della Natività
e, sulla destra, lo spazio
che ospita l'altare dei
Magi e la Mangiatoia

Costruzioni intorno alla basilica

Il complesso monumentale degli edifici sacri, di cui la basilica della Natività è il cuore, copre una vasta area di circa 12 mila m², comprendente il convento francescano, la chiesa cattolica di S. Caterina di Alessandria e il chiostro di S. Girolamo (a nord), il monastero greco (a sud-est) e quello armeno (a sud-ovest).

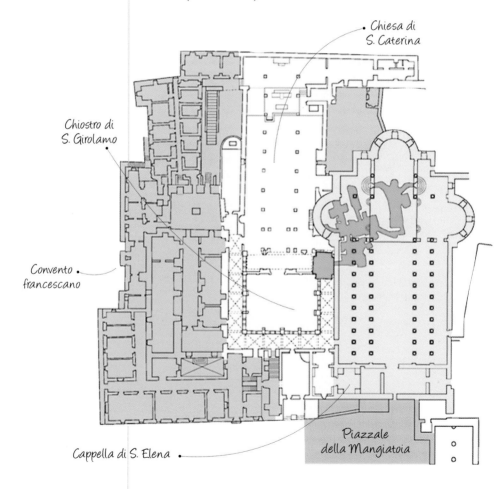

Chiesa di S. Caterina

Chiostro di S. Girolamo

Convento francescano

Cappella di S. Elena

Piazzale della Mangiatoia

La chiesa di S. Caterina

Si può accedere alla chiesa di S. Caterina per tre vie: passando per il chiostro di S. Girolamo, tramite il transetto nord della basilica della Natività e attraverso le grotte sotterranee. La chiesa, che appartiene al complesso del convento crociato ed è sede parrocchiale, negli anni ha subito notevoli trasformazioni.

Il luogo, dedicato a santa Caterina d'Alessandria già dal 1347, inizialmente era solo una piccola cappellina interna al convento. L'antica struttura venne sostituita dall'edificio attuale in stile neo-romanico nel 1882, grazie al contributo finanziario dell'imperatore d'Austria Francesco Giuseppe.

La chiesa è molto spaziosa e luminosa, ed è costituita da tre navate con abside sopraelevata dove è posto il coro dei frati. Nella vetrata sopra l'abside è rappresentata la scena della Natività, risalente agli interventi intrapresi in occasione del Giubileo dell'anno 2000. In fondo alla navata destra è posto l'altare dedicato a santa Caterina; sullo stesso lato, in uno spazio rientrante, troviamo l'altare della Vergine con la statua del Bambin Gesù, risalente al XVIII secolo, usata durante le celebrazioni delle solennità natalizie.

Meritano una nota particolare gli archi crociati ancora conservati all'ingresso della chiesa, che facevano parte del chiostro dedicato a san Girolamo. In questo spazio è conservato il bassorilievo donato da papa Giovanni Paolo II in occasione della sua visita nel 2000.

La statua
di san Girolamo
al centro
del chiostro

Il chiostro di S. Girolamo

Il chiostro di S. Girolamo, chiamato così per l'accesso diretto alla grotta dedicata al santo, fu restaurato dall'architetto Antonio Barluzzi nel 1948-49. Per l'occasione, Barluzzi aiutò padre Bagatti nei rilevamenti delle grotte sottostanti.

Il restauro del chiostro comportò la sostituzione delle colonne più deteriorate. Questo fu fatto nel rispetto della struttura: un chiaro esempio sono i capitelli moderni, semplici e lineari, che si alternano a quelli crociati più ricchi nelle decorazioni, dai quali si differenziano con chiarezza.

Lungo il chiostro, sulla destra, si trova la porta d'accesso alla basilica usata dai cattolici per gli ingressi ufficiali delle autorità, perché il diritto di ingresso dalla porta principale è concesso solo al Custode di Terra Santa e al Patriarca latino.

Sul lato opposto si estende il convento francescano, ampliato rispetto a quello crociato, del quale restano la sala d'ingresso con archi a sesto acuto, le mura perimetrali, il deposito e le cisterne, alcune anche di epoche più antiche. Attraverso i sotterranei del convento è possibile accedere al luogo che la tradizione attribuisce al lavacro di Gesù.

Veduta del chiostro

Uno degli studi
di prospetto per le
gallerie, di A. Barluzzi

La cappella
di S. Elena

La cappella di S. Elena
Una piccola porta che si apre nel chiostro di S. Girolamo
conduce alla cappella intitolata a sant'Elena. L'ambiente
fa parte del nartece della basilica, che in periodo crociato
fu suddiviso in più spazi. La cappella presenta elementi
dell'architettura crociata e affreschi medievali di pregevo-
le qualità, risalenti al XIII secolo, secondo la datazione di
P. Vincent. Tra questi, diverse immagini di santi e la rappresentazione di Cristo in trono tra la Vergine e Giovanni evangelista; nel sottarco corrispondente a quest'ultimo
soggetto, un interessante medaglione con l'etimasìa, tema
iconografico bizantino che rappresenta un trono vuoto
pronto ad accogliere Cristo durante il Giudizio Universale.
La cappella è oggi a disposizione dei pellegrini per celebrare la messa.

Il convento francescano

Il convento crociato fu costruito dai canonici agostiniani
sopra le grotte e gli ambienti dei primi monaci che s'insedia-
rono vicino alla Natività. Dal 1347 è convento francescano.
La struttura essenziale è del XII secolo, anche se ampliata e modificata. La facciata e l'accesso erano posti
sul lato nord dell'edificio. Segni dell'architettura crociata sono riconoscibili nell'ampio salone d'ingresso e negli
spazi sotterranei.
Una sala crociata, oggi adibita a cappella per i pellegrini
e un tempo usata come magazzino, si trova nell'ala nord
della Casa Nova. Accanto a questa sono conservate antiche
cisterne di grandi dimensioni, che raccoglievano l'acqua
della stagione invernale per i fabbisogni della comunità.

Lavacro di Gesù
Il luogo detto "del lavacro di Gesù" è accessibile solo
dal convento. Si tratta di una cavità circolare scavata nella
roccia, a est della grotta della Natività, che non sembra aver

subito trasformazioni, mantenendo forse le stesse caratteristiche del tempo in cui la Sacra Famiglia sostò a Betlemme.

Al centro è scavata una piccola vasca rotonda, ricordata dalla tradizione come luogo del primo bagno di Gesù. La scena del lavacro non manca mai nelle icone orientali e nelle rappresentazioni antiche della Natività. La sacralità del

La grotta
del lavacro

luogo è tramandata da pellegrini antichi come Arculfo (670 d.C.), che racconta di esservisi lavato il viso per devozione.

Lo spazio venne riscoperto da un intraprendente sacrestano alla fine del XIX secolo; benché carico d'interesse storico e archeologico, deve essere ancora adeguatamente studiato, ma se ne ipotizza l'utilizzo fin dall'antichità.

VISITA

Gli altri santuari

Beit Sahur

A est di Betlemme, a circa 2 km dal centro abitato, si trova il villaggio di Beit Sahur, la casa dei "guardiani" e di "coloro che vigilano", dove s'incontra il Campo dei Pastori. Il santuario è raggiungibile anche a piedi proseguendo lungo la strada della Grotta del Latte.

Beit Sahur si estende in mezzo ai "campi di Booz" del Libro di Rut. In uno di questi si trovavano i pastori nella notte gloriosa della Natività. L'angelo disse loro: «Non temete: ecco, vi annuncio una grande gioia, che sarà di tutto il popolo: oggi, nella città di Davide, è nato per voi un Salvatore, che è Cristo Signore» (Lc 2,10-11).

Sebbene le parole del Vangelo non permettano di stabilire esattamente il luogo dell'apparizione angelica, l'antica tradizione, ricordata già nel 384 dalla pellegrina Egeria, lo fissa in località Siyar al-Ghanam (Campo dei Pastori), poco distante da Beit Sahur.

Le origini del villaggio risalgono all'età del Bronzo (3000 a.C.). Abitato in età romana, fin dal tempo di sant'Elena esisteva una chiesa dedicata agli angeli che avevano annunciato ai pastori la nascita del Redentore. Villaggio tutt'oggi a maggioranza cristiana, dopo alterne e combattute vicende nel secolo scorso vennero costruite dalla locale comunità latina una canonica e una scuola. Nel 1950, grazie alla generosità della locale comunità cristiana, fu inaugurata la chiesa parrocchiale ad opera dell'architetto Antonio Barluzzi, dedicata alla Madonna di Fatima e a santa Teresa di Lisieux.

A Beit Sahur troviamo tre luoghi legati alla memoria dei pastori: il sito greco-ortodosso, con una grotta utilizzata già nel IV secolo come chiesa; quello francescano, a circa 600 metri a nord del primo, con resti archeologici di antichi monasteri; e quello dei protestanti, posto tra le mura del centro ricreativo della Young Men's Christian Association.

La proprietà francescana, dedicata al "Gloria in excelsis Deo", il canto del Gloria da parte degli angeli apparsi ai pastori nella notte di Natale, è visitata ogni anno da migliaia di pellegrini. È stata oggetto di scavi archeologici fin da metà Ottocento (C. Guarmani, 1859), ma si deve agli studi di padre Virgilio Corbo, eseguiti nel 1951-52, la datazione e l'interpretazione dei resti ritrovati.

Il sito è composto da una serie di antiche grotte, utilizzate tutt'oggi per le celebrazioni dei pellegrini, da un'area archeologica e dal santuario opera dell'architetto Barluzzi.

Pagina a fronte:
Beit Sahur in una
foto d'epoca

Gli scavi archeologici

Le tracce di vita nelle grotte, risalenti ai periodi erodiano e romano, e i resti di frantoi antichissimi trovati sotto le fondamenta degli edifici di culto bizantini, dimostrano che il luogo era abitato da una piccola comunità agricola all'epoca della nascita di Gesù.

Gli scavi hanno portato alla luce i resti di un monastero del IV-V secolo, successivamente ricostruito nel VI. Della prima fase si conservano i muri di fondazione dell'abside della chiesa e di alcuni ambienti. Nel VI secolo la chiesa venne demolita e ricostruita nel medesimo luogo, ma con l'abside leggermente spostata verso est; parte del materiale proveniva dalla basilica costantiniana della Natività, di cui l'imperatore Giustiniano stava allora promuovendo la ristrutturazione.

Alcuni vani del monastero di VI secolo erano adibiti a scopi specifici: refettorio, portineria, frantoio, grotta-cantina, stalla. Sono stati portati alla luce anche i sistemi di canalizzazione dell'acqua piovana e diverse cisterne.

Nell'VIII secolo i musulmani distrussero il monastero, cancellando tutti i segni cristiani.

Fonte battesimale
ritrovato a Beit Sahur

Beit Sahur, una delle
grotte sotterranee

Pagina a fronte:
L'annuncio ai pastori
del pittore
Umberto Noni,
nel santuario del
Gloria in excelsis

LA PELLEGRINAZIONE DI NATALE

Ogni anno, nel pomeriggio del 25 dicembre, i frati francescani s'incamminano da Betlemme verso la vicina Beit Sahur per compiere la tradizionale pellegrinazione al Campo dei Pastori. Ricalcando il tragitto percorso dai pastori nella Notte Santa, i frati fanno una prima tappa all'antica grotta dei pastori di proprietà degli ortodossi, dove recitano le litanie dei santi, seguite dalla lettura del Vangelo in arabo e in latino. Successivamente si dirigono alla grotta dei francescani dove intonano il canto del "Gloria in excelsis Deo".

Per gli otto giorni a seguire, da questo luogo salgono le preghiere dei fedeli che si trasformano nel coro degli angeli che cullano il bambino custodito nella mangiatoia.

Il santuario moderno

L'attuale santuario fu costruito nel 1953-54 su progetto dell'architetto romano Antonio Barluzzi, autore di numerosi santuari francescani in Terra Santa. Sia la posa della prima pietra che l'inaugurazione ebbero significativamente luogo il giorno di Natale.

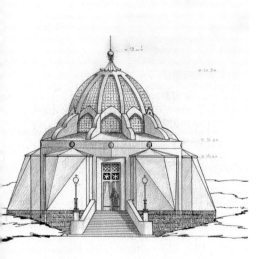

L'edificio, costruito grazie a donatori canadesi, sorge sul roccione che domina i resti archeologici e le colline circostanti, oggi occupate dall'insediamento ebraico di Har Homa.

L'architettura voluta dal Barluzzi richiama le tende delle tribù nomadi beduine: un poligono a dieci lati, cinque dritti e cinque sporgenti, a forma di tenda.

All'interno, sotto una cupola perforata da circa mille formelle in vetrocemento, i dipinti dei tre piccoli altari portano l'attenzione sui pastori: l'annuncio dato loro dall'angelo, l'omaggio al Bambino Gesù e la celebrazione della nascita del Messia. All'esterno, la scultura in bronzo sull'architrave della porta di ingresso è dello scultore Duilio Cambellotti, autore anche del portale, delle quattro statue bronzee che reggono l'altare maggiore al centro della cappella, dei candelieri e delle croci. Umberto Noni ha affrescato le tre absidi e lo scultore Antonio Minghetti ha curato l'esecuzione dei dieci angeli in stucco della cupola.

Sul retro del santuario, oltrepassata la fontana del Buon Pastore, all'interno di alcune grotte i pellegrini possono celebrare la liturgia natalizia propria del luogo. Una grotta, in particolare, con il tetto annerito dalla fuliggine, rievoca lo stile essenziale con cui i pastori conducevano la loro esistenza e richiama l'ambientazione dell'annuncio dell'Angelo.

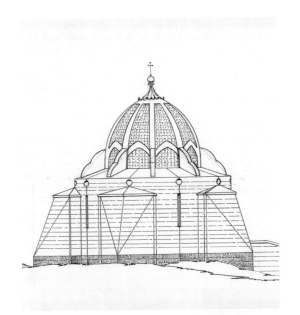

A. Barluzzi,
prospetti
e planimetrie
per il santuario
del Gloria in
excelsis, 1934

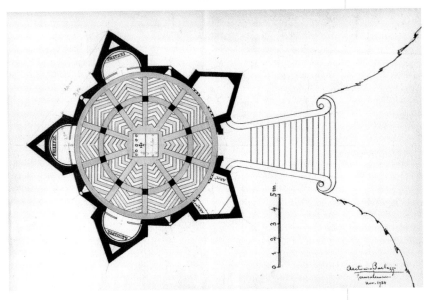

1-2-3. Interno, retro e cupola del santuario del Gloria in excelsis, realizzato da A. Barluzzi (1953-54)

4. A. Minghetti, modello di angelo per l'interno del santuario

2

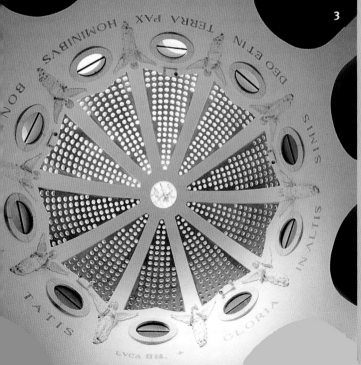

3

DEO ET IN TERRA PAX ✠ HOMINIBVS BON... ...TATIS GLORIA IN ALTIS SI NIS

LVCA II 14. ✠

4

La Grotta del Latte

A sud-est della basilica della Natività si trova il santuario francescano della Grotta del Latte, detta in arabo *Magharet Sitti Mariam*, "la grotta della Signora Maria". Il luogo è raggiungibile percorrendo la strada che parte dalla piazza centrale di Betlemme a sud della basilica (*Tarik Magharet el Halib*, via della Grotta del Latte).

Secondo una leggenda del VI secolo, la Madonna si nascose qui durante la strage degli Innocenti, allontanandosi dalla mangiatoia, dove aveva messo al riparo il Bambino. Questa leggenda fu presto sostituita da un'altra: san Giuseppe, avvertito da un angelo del pericolo che incombeva sul Bambino e della necessità di fuggire in Egitto, si mise subito a fare i preparativi per il viaggio e sollecitò la Vergine che stava allattando. Alcune gocce di latte, nella fretta dei preparativi, caddero a terra e la roccia, da rosa, divenne immediatamente bianca.

Il santuario è composto dall'antica grotta ipogea, dalla cappella sovrastante e dalla nuova chiesa (inaugurata nel 2006) opera degli architetti Luigi Leoni e Chiara Rovati, realizzata grazie al sostegno di fedeli slovacchi e italiani.

La Grotta del Latte è affiancata dal monastero di clausura affidato alle Adoratrici Perpetue del Santissimo Sacramento. Un corridoio interno collega la grotta con la cappella del SS. Sacramento e con la nuova chiesa superiore. Nella cappella l'adorazione eucaristica continua tutto il giorno e i pellegrini possono sostarvi in silenziosa preghiera.

La notorietà della grotta è antica: la credenza popolare assicura tutt'oggi alla roccia proprietà curative, in particolare quella di far venire

Pagina a fronte: facciata del santuario della Grotta del Latte

La fuga in Egitto rappresentata sulla facciata del piccolo santuario

Ingresso e interno
della grotta

il latte alle madri che ne sono prive. Fin dal VI secolo venivano portati, in Europa e in Oriente, pezzetti di roccia polve-
rizzata e compressa in formette, tipo di confezione che restò
poi in uso fino al Novecento. Due sono i più noti esemplari di
reliquia dalla Grotta del Latte: quello ricevuto in dono da Car-
lo Magno e posto in una chiesa della Piccardia, e quello che
il vescovo Ascetino portò al campo di Baldovino III durante
l'assedio di Ascalon nel 1123.

Venerata fin dall'età bizantina, come testimoniano i resti di mosaico con croce conservati all'esterno della grotta,
poco a poco, a causa dell'asportazione della roccia per farne
reliquie, la grotta perse il suo aspetto primitivo e i due vani
laterali vennero ingranditi. Dopo le Crociate, una comunità
religiosa tenne desto lo speciale culto mariano fino al 1349-
1353, epoca in cui i musulmani danneggiarono gravemente
sia il monastero che la chiesa. I francescani rimisero subito in
onore il santuario e il luogo di culto a esso collegato. Il loro
progetto, di fabbricare sopra e intorno alla grotta una chiesa,
un convento, un campanile e un cimitero, come risulta dalla

Bolla *Inter Cunctos* di Gregorio XI spedita da Avignone il 25
novembre 1375, rimase a lungo inattuato. Soltanto nel 1494
poterono compiere dei restauri e rinnovare l'altare. Nel XVI
secolo un terremoto fece cadere i muri principali degli edifici
e la grotta restò pressoché sepolta sotto le rovine.
L'ostilità dei greco-ortodossi e la burocrazia ottomana, re-
stia a riconoscere i documenti comprovanti i diritti dei latini,
ostacolarono tutte le iniziative: soltanto nel 1871 i frati minori
poterono costruire l'ospizio e l'oratorio che oggi vediamo.
Il santuario è molto venerato e la credenza popolare non si
è mai spenta: tuttora, dopo 16 secoli, le donne locali, sia cristiane che musulmane, pregano qui Maria, madre del Salvatore e
madre del profeta Isa (Gesù – Spirito di Allah) per il dono della
maternità o per ottenere latte abbondante per le loro creature.
Gli abitanti hanno espresso la loro devozione ornando la cappella con opere in madreperla. La facciata, realizzata nel 1935
con scene del sogno di Giuseppe e della fuga in Egitto, è una
preziosa opera degli artigiani arabi locali, che hanno trattato la
pietra come madreperla.

La tomba di Rachele

«Rachele dunque morì e fu sepolta sulla strada di Efrata, cioè Betlemme. E Giacobbe eresse una stele sulla
sua tomba. È la stele della tomba di Rachele, che esiste ancor
oggi» (Gen 35,19-20).
Posta alle porte di Betlemme lungo la strada che conduce a
Hebron (Qubbet Rahil), la tomba di Rachele è oggi chiusa all'interno dal muro di separazione costruito tra Israele e Palestina.
Le prime testimonianze parlano di un monumento formato da una semplice piramide. Vennero poi aggiunte dodici
pietre (1165), in memoria dei dodici figli di Giacobbe, ma alcune cronache parlano di undici pietre soltanto: nel novero
sarebbe mancata quella di Beniamino. In epoca bizantina, e
probabilmente anche in seguito, la tomba di Rachele dev'essere stata trasformata in luogo di culto cristiano, come si deduce dal Lezionario di Gerusalemme del V-VIII secolo, che

La tomba
di Rachele
a fine Ottocento

vi pone due commemorazioni liturgiche ufficiali all'anno (20 febbraio e 18 luglio).

Il Calendario Georgiano Palestinese (secondo il Codice Sinaitico 34 del X secolo) parla esplicitamente di una «chiesa di Rachele», riferendosi alle medesime commemorazioni. Nel XIV secolo la tomba fu abbellita con un sarcofago alto e con la parte superiore convessa. Padre Bernardino Amico

ha lasciato un disegno in cui si vede il cenotafio nel centro
di una cappella (XVII secolo). Nei quattro muri perimetrali
si aprivano quattro arcate; queste furono chiuse nel 1560 da
Maometto, pascià di Gerusalemme, che sostituì la piramide
con una cupola. Nel XIX secolo sir Moses Montefiore fece ag-
giungere due vani al primitivo ingresso quadrato, dando così
alla tomba l'aspetto attuale. In effetti, più che di una tomba si
dovrebbe parlare di *ueli*, monumento funebre islamico eretto
a ricordo di un personaggio significativo.

Sebbene ebrei, cristiani e musulmani venerino qui la memoria di Rachele, molti dubbi vengono sollevati circa l'auten-
ticità del luogo. Oggi è possibile raggiungerlo solo in auto o
in pullman, affiancando il muro oltre il *check-point* principale
di Betlemme, lungo il lato israeliano. Interdetto ai musulmani, oggi vi si recano molte donne ebree per pregare, in particolare per il dono della maternità.

La Bibbia

La morte di Rachele

«Quindi partirono da Betel. Mancava ancora un tratto di cammino per arrivare a Èfrata, quando Rachele partorì ed ebbe un parto difficile. Mentre penava a partorire, la levatrice le disse: "Non temere: anche questa volta avrai un figlio!". Ormai moribonda, quando stava per esalare l'ultimo respiro, lei lo chiamò Ben Onì, ma suo padre lo chiamò Beniamino. Così Rachele morì e fu sepolta lungo la strada verso Èfrata, cioè Betlemme. Giacobbe eresse sulla sua tomba una stele. È la stele della tomba di Rachele, che esiste ancora oggi».

■ Genesi 35,16-20

La storia di Rut la moabita

«Al tempo dei giudici, ci fu nel paese una carestia e un uomo con la moglie e i suoi due figli emigrò da Betlemme di Giuda nei campi di Moab. Quest'uomo si chiamava Elimèlec, sua moglie Noemi e i suoi due figli Maclon e Chilion; erano Efratei, di Betlemme di Giuda. Giunti nei campi di Moab, vi si stabilirono. Poi Elimèlec, marito di Noemi, morì ed essa rimase con i suoi due figli. Questi sposarono donne moabite: una si chiamava Orpa e l'altra Rut. Abitarono in quel luogo per dieci anni. Poi morirono anche Maclon e Chilion, e la donna rimase senza i suoi due figli e senza il marito.

Allora intraprese il cammino di ritorno dai campi di Moab con le sue nuore, perché nei campi di Moab aveva sentito dire che il Signore aveva visitato il suo popolo, dandogli pane. Partì dunque con le due nuore da quel luogo ove risiedeva e si misero in cammino per tornare nel paese di Giuda. Noemi disse alle due nuore: "Andate, tornate ciascu-

■ Rut 1,1-22

Pagina a fronte:
immagine della
Vergine nella
basilica della Natività

STORIA

VISITA

LETTURE

na a casa di vostra madre; il Signore usi bontà con voi, come voi avete fatto con quelli che sono morti e con me! Il Signore conceda a ciascuna di voi di trovare tranquillità in casa di un marito". E le baciò. Ma quelle scoppiarono a piangere e le dissero: "No, torneremo con te al tuo popolo". Noemi insistette: "Tornate indietro, figlie mie! Perché dovreste venire con me? Ho forse ancora in grembo figli che potrebbero diventare vostri mariti? Tornate indietro, figlie mie, andate! Io sono troppo vecchia per risposarmi. Se anche pensassi di avere una speranza, prendessi marito questa notte e generassi pure dei figli, vorreste voi aspettare che crescano e rinuncereste per questo a maritarvi? No, figlie mie; io sono molto più amareggiata di voi, poiché la mano del Signore è rivolta contro di me". Di nuovo esse scoppiarono a piangere. Orpa si accomiatò con un bacio da sua suocera, Rut invece non si staccò da lei.

Noemi le disse: "Ecco, tua cognata è tornata dalla sua gente e dal suo dio; torna indietro anche tu, come tua cognata". Ma Rut replicò: "Non insistere con me che ti abbandoni e torni indietro senza di te, perché dove andrai tu, andrò anch'io, e dove ti fermerai, mi fermerò; il tuo popolo sarà il mio popolo e il tuo Dio sarà il mio Dio. Dove morirai tu, morirò anch'io e lì sarò sepolta. Il Signore mi faccia questo male e altro ancora, se altra cosa, che non sia la morte, mi separerà da te".

Vedendo che era davvero decisa ad andare con lei, Noemi non insistette più. Esse continuarono il viaggio, finché giunsero a Betlemme. Quando giunsero a Betlemme, tutta la città fu in subbuglio per loro, e le donne dicevano: "Ma questa è Noemi!". Ella replicava: "Non chiamatemi Noemi, chiamatemi Mara, perché l'Onnipotente mi ha tanto amareggiata! Piena me n'ero andata, ma il Signore mi fa tornare vuota. Perché allora chiamarmi Noemi, se il Signore si è dichiarato contro di me e l'Onnipotente mi ha resa infelice?". Così dunque tornò Noemi con Rut, la moabita, sua nuora, venuta dai campi di Moab. Esse arrivarono a Betlemme quando si cominciava a mietere l'orzo».

L'unzione di Davide a re d'Israele

«Il Signore disse a Samuele: "Fino a quando piangerai su Saul, mentre io l'ho ripudiato perché non regni su Israele? Riempi d'olio il tuo corno e parti. Ti mando da Iesse il Betlemmita, perché mi sono scelto tra i suoi figli un re". Samuele rispose: "Come posso andare? Saul lo verrà a sapere e mi ucciderà". Il Signore soggiunse: "Prenderai con te una giovenca e dirai: 'Sono venuto per sacrificare al Signore'. Inviterai quindi Iesse al sacrificio. Allora io ti farò conoscere quello che dovrai fare e ungerai per me colui che io ti dirò". Samuele fece quello che il Signore gli aveva comandato e venne a Betlemme; gli anziani della città gli vennero incontro trepidanti e gli chiesero: "È pacifica la tua venuta?". Rispose: "È pacifica. Sono venuto per sacrificare al Signore. Santificatevi, poi venite con me al sacrificio". Fece santificare anche Iesse e i suoi figli e li invitò al sacrificio. Quando furono entrati, egli vide Eliàb e disse: "Certo, davanti al Signore sta il suo consacrato!". Il Signore replicò a Samuele: "Non guardare al suo aspetto né alla sua alta statura. Io l'ho scartato, perché non conta quel che vede l'uomo: infatti l'uomo vede l'apparenza, ma il Signore vede il cuore". Iesse chiamò Abinadàb e lo presentò a Samuele, ma questi disse: "Nemmeno costui il Signore ha scelto". Iesse fece passare Sammà e quegli disse: "Nemmeno costui il Signore ha scelto". Iesse fece passare davanti a Samuele i suoi sette figli e Samuele ripeté a Iesse: "Il Signore non ha scelto nessuno di questi". Samuele chiese a Iesse: "Sono qui tutti i giovani?". Rispose Iesse: "Rimane ancora il più piccolo, che ora sta a pascolare il gregge". Samuele disse a Iesse: "Manda a prenderlo, perché non ci metteremo a tavola prima che egli sia venuto qui". Lo mandò a chiamare e lo fece venire. Era fulvo, con begli occhi e bello di aspetto. Disse il Signore: "Àlzati e ungilo: è lui!". Samuele prese il corno dell'olio e lo unse in mezzo ai suoi fratelli, e lo spirito del Signore irruppe su Davide da quel giorno in poi. Samuele si alzò e andò a Rama».

1 SAMUELE 16,1-13

LETTURE

La nascita di Gesù. I pastori

Luca 2,1-20 «In quei giorni un decreto di Cesare Augusto ordinò che si facesse il censimento di tutta la terra. Questo primo censimento fu fatto quando Quirinio era governatore della Siria. Tutti andavano a farsi censire, ciascuno nella propria città. Anche Giuseppe, dalla Galilea, dalla città di Nàzaret, salì in Giudea alla città di Davide chiamata Betlemme: egli apparteneva infatti alla casa e alla famiglia di Davide. Doveva farsi censire insieme a Maria, sua sposa, che era incinta. Mentre si trovavano in quel luogo, si compirono per lei i giorni del parto. Diede alla luce il suo figlio primogenito, lo avvolse in fasce e lo pose in una mangiatoia, perché per loro non c'era posto nell'alloggio.

C'erano in quella regione alcuni pastori che, pernottando all'aperto, vegliavano tutta la notte facendo la guardia al loro gregge. Un angelo del Signore si presentò a loro e la gloria del Signore li avvolse di luce. Essi furono presi da grande timore, ma l'angelo disse loro: "Non temete: ecco, vi annuncio una grande gioia, che sarà di tutto il popolo: oggi, nella città di Davide, è nato per voi un Salvatore, che è Cristo Signore. Questo per voi il segno: troverete un bambino avvolto in fasce, adagiato in una mangiatoia". E subito apparve con l'angelo una moltitudine dell'esercito celeste, che lodava Dio e diceva:
"Gloria a Dio nel più alto dei cieli
e sulla terra pace agli uomini, che egli ama".

Appena gli angeli si furono allontanati da loro, verso il cielo, i pastori dicevano l'un l'altro: "Andiamo dunque fino a Betlemme, vediamo questo avvenimento che il Signore ci ha fatto conoscere". Andarono, senza indugio, e trovarono Maria e Giuseppe e il bambino, adagiato nella mangiatoia. E dopo averlo visto, riferirono ciò che del bambino era stato detto loro. Tutti quelli che udivano si stupirono delle cose dette loro dai pastori. Maria, da parte sua, custodiva tutte queste cose, meditandole nel suo cuore. I pastori se ne tornarono, glorificando e lodando Dio per tutto quello che avevano udito e visto, com'era stato detto loro».

La nascita di Gesù. I Magi

«Nato Gesù a Betlemme di Giudea, al tempo del re Erode, ecco, alcuni Magi vennero da oriente a Gerusalemme e dicevano: "Dov'è colui che è nato, il re dei Giudei? Abbiamo visto spuntare la sua stella e siamo venuti ad adorarlo". All'udire questo, il re Erode restò turbato e con lui tutta Gerusalemme. Riuniti tutti i capi dei sacerdoti e gli scribi del popolo, si informava da loro sul luogo in cui doveva nascere il Cristo. Gli risposero: "A Betlemme di Giudea, perché così è scritto per mezzo del profeta:

E tu, Betlemme, terra di Giuda,
non sei davvero l'ultima delle città principali di Giuda:
da te infatti uscirà un capo
che sarà il pastore del mio popolo, Israele".

Allora Erode, chiamati segretamente i Magi, si fece dire da loro con esattezza il tempo in cui era apparsa la stella e li inviò a Betlemme dicendo: "Andate e informatevi accuratamente sul bambino e, quando l'avrete trovato, fatemelo sapere, perché anch'io venga ad adorarlo".

Udito il re, essi partirono. Ed ecco, la stella, che avevano visto spuntare, li precedeva, finché giunse e si fermò sopra il luogo dove si trovava il bambino. Al vedere la stella, provarono una gioia grandissima. Entrati nella casa, videro il bambino con Maria sua madre, si prostrarono e lo adorarono. Poi aprirono i loro scrigni e gli offrirono in dono oro, incenso e mirra. Avvertiti in sogno di non tornare da Erode, per un'altra strada fecero ritorno al loro paese.

Essi erano appena partiti, quando un angelo del Signore apparve in sogno a Giuseppe e gli disse: "Àlzati, prendi con te il bambino e sua madre, fuggi in Egitto e resta là finché non ti avvertirò: Erode infatti vuole cercare il bambino per ucciderlo".

Egli si alzò, nella notte, prese il bambino e sua madre e si rifugiò in Egitto, dove rimase fino alla morte di Erode, perché si compisse ciò che era stato detto dal Signore per mezzo del profeta: *Dall'Egitto ho chiamato mio figlio*.

MATTEO 2,1-18

LETTURE

Quando Erode si accorse che i Magi si erano presi gioco di lui, si infuriò e mandò a uccidere tutti i bambini che stavano a Betlemme e in tutto il suo territorio e che avevano da due anni in giù, secondo il tempo che aveva appreso con esattezza dai Magi. Allora si compì ciò che era stato detto per mezzo del profeta Geremia:

Un grido è stato udito in Rama,
un pianto e un lamento grande:
Rachele piange i suoi figli
e non vuole essere consolata,
perché non sono più».

Origene (185-254)

Origene nacque ad Alessandria d'Egitto nel 185. È considerato uno dei principali scrittori e teologi cristiani dei primi secoli. La sua famiglia, quasi certamente greca, gli permise di formarsi alla scuola catechetica di Alessandria. Invitato negli anni Venti del III secolo dal governatore d'Arabia, desideroso di incontrarlo, visitò la Palestina, dove fu anche predicatore. In questo tempo poté testimoniare la tradizione del culto dei luoghi santi e in particolare quello alla grotta della Natività.

«Se qualcuno richiedesse ancora nuovi argomenti per convincersi che Gesù è nato a Betlemme, secondo la profezia di Michea e secondo la storia scritta dai discepoli di Gesù nei vangeli, rifletta come, conformemente alla narrazione evangelica della nascita, viene mostrata la grotta di Betlemme dove è nato, e, nella grotta, una mangiatoia dove fu deposto. E tutto questo è noto, in quei luoghi, anche a coloro che sono estranei alla fede: che in quella grotta ha veduto la luce colui che è adorato e ammirato dai cristiani».

CONTRO CELSO (1,51), 248 D.C.

Eusebio di Cesarea (265-340 ca.)

Lo storico Eusebio, nato a Cesarea nel 265, fu il biografo di Costantino e dedicò molto spazio nelle sue cronache alla descrizione dei luoghi santi e delle basiliche fatte costruire dall'imperatore. Per quanto riguarda la basilica della Natività, lo storico descrive l'evoluzione architettonica del sito, dalla nuda grotta fino alla costruzione della basilica costantiniana.

De vita Costantini, 337-340 d.C.

«E subito dedicò al Dio che adorava due templi: uno presso la grotta della Natività e l'altro sul monte dell'Ascensione. Il Dio con noi accettò infatti di sottostare alla nascita e il luogo della sua nascita nella carne: chiamato Betlemme presso gli Ebrei. La piissima imperatrice volle dunque abbellire il luogo del parto della Madre di Dio con monumenti meravigliosi, facendo risplendere la sacra grotta di ogni genere di ornamenti. L'imperatore, poco dopo, l'arricchì ancora di più di doni votivi veramente di natura regale accrescendo gli ornamenti procurati dalla madre con la varietà e il pregio di veli intessuti d'oro e d'argento».

Anonimo da Bordeaux (IV sec.)

L'*Itinerarium Burdigalense*, o *Itinerarium Hierosolymitanus*, è considerato uno dei più antichi racconti di itinerari cristiani. Scritto nel 333-334 da un anonimo pellegrino durante il viaggio da Burdigala, l'attuale Bordeaux, fino a Gerusalemme, racconta del pellegrinaggio e delle tappe effettuate. È sua la prima testimonianza che possediamo a proposito della basilica voluta da Costantino.

Itinerarium Burdigalense, 333 d.C.

«E ancora per quelli che da Gerusalemme vanno a Betlemme, al quarto miglio, sulla strada, a destra, c'è il sepolcro dove fu deposta Rachele, la moglie di Giacobbe. Di là, verso sinistra, a due miglia c'è Betlemme. Dove nacque il Signore Gesù Cristo è costruita una basilica per ordine di Costantino».

Egeria (IV sec.)

La pellegrina Egeria, che visitò la Terra Santa negli anni 380-384, descrive nel suo resoconto di viaggio le tradizionali peregrinazioni che venivano compiute nei luoghi in cui si ricordavano gli eventi della vita di Gesù. Riguardo a Betlemme la pellegrina tratteggia le pratiche rituali e le celebrazioni relative alla festività dell'Epifania.

«A Betlemme per tutti gli otto giorni, ogni giorno, la fe-sta col suo ornamento viene solennizzata dai presbiteri, da tutto il clero del luogo e dai monaci che dimorano in quel posto. Infatti in quell'ora in cui tutti ritornano di notte a Gerusalemme col vescovo, proprio allora i monaci di quel luogo, quali siano, vegliano fino al mattino nella chiesa di Betlemme, dicendo inni e antifone; perciò è necessario tenere sempre in Gerusalemme il vescovo in questi giorni. Per la solennità e per la festa di quel giorno si raduna a Gerusalemme un'immensa moltitudine da ogni parte, non solo di monaci, ma anche di laici, uomini e donne».

PEREGRINATIO AETHERIAE (XXV-12), 381-384 D.C.

LETTURE

San Girolamo (347-420)

Girolamo si ritirò a Betlemme, nel luogo della Natività, a partire dal 386. Qui realizzò la traduzione della Bibbia in latino detta "Vulgata", a partire dai testi originali in greco ed ebraico. A questi luoghi si sentì legato per la sua profonda e intima riflessione sull'incarnazione di Nostro Signore.

«Ma parliamo ora del paesello di Cristo e del rifugio di Maria (dato che ognuno loda maggiormente ciò che possiede); però con quali parole e in quale lingua possiamo spiegarti la grotta del salvatore? E quel presepio, in cui Egli da bambino vagì, bisogna venerarlo più col silenzio, che con parole inadeguate. Dove sono gli spaziosi portici, dove sono i soffitti dorati? Dove sono i palazzi ornati con i sacrifici dei poveri e col lavoro degli schiavi? Dove sono le basiliche che, a somiglianza dei palazzi, sono costruite con le ricchezze dei privati, al solo scopo di far camminare questo nostro piccolo e miserabile corpo umano in un ambiente più prezioso, e come se in questo mondo vi possa essere qualche cosa di maggior ornamento, si preferisca contemplare più le cose fatte bene, che il cielo?

[Ma] ecco che in questo piccolo buco della terra è nato il Creatore dei cieli; qui fu avvolto nei panni; qui fu visto dai

EPISTULAE AD PAULINUM (46), 395 D.C.

pastori; qui fu indicato dalla stella; qui fu adorato dai Magi. E io credo che questo posto è più sacro della rupe Tarpea, che per essere stata più volte colpita da fulmini del cielo, ci fa capire che essa dispiaceva al Signore...».

EPISTULAE AD PAULINUM (58), 395 D.C.

«Dai tempi di Adriano fino all'imperatore Costantino, per circa 180 anni, fu venerata una immagine di Giove sul luogo della Risurrezione e una statua marmorea di Venere sul luogo della Crocifissione... E quanto a Betlemme, ora nostra, quel santissimo tra i luoghi della terra del quale il salmista canta: "La verità germoglierà dalla terra" era ombreggiato da un boschetto sacro a Tammuz, cioè Adone, e nella grotta dove un tempo Cristo, bambino, aveva vagito si piangeva l'amante di Venere».

Anonimo da Piacenza (VI sec.)

L'anonimo pellegrino, probabilmente originario di Piacenza, narra il suo viaggio in Medio Oriente avvenuto nel 560-570. Nella descrizione di Betlemme, si sofferma sui luoghi santi cristiani ma anche legati alla tradizione giudaica.

ITINERARIUM ANTONINI PLACENTINI, 560-570 D.C.

«Sulla via che conduce a Betlemme si trova a tre miglia da Gerusalemme il sepolcro di Rachele, al limite del luogo chiamato Rama. Nello stesso posto ho visto nel mezzo della strada uscire dalla roccia un'acqua lenta, a mio giudizio fino a sette sestari, da cui tutti riempiono, e non diminuisce e nemmeno aumenta. Bevendola, ha un gusto indicibilmente soave, e dicono che ciò avviene perché Santa Maria, fuggendo in Egitto, sedette in quel luogo ed ebbe sete, e perciò uscì fuori codesta acqua. Là adesso esiste una chiesa costruita recentemente. Da quel posto fino a Betlemme vi sono tre miglia. Betlemme è un luogo splendidissimo; vi sono molti servi di Dio; nella grotta dove nacque il Signore si trova la mangiatoia, ornata di oggetti d'oro e d'argento; vi sono lampade accese giorno e notte. L'entrata della grotta è veramente stretta. Il prete Girolamo all'entrata della grotta scavò in quella roccia e vi fece il suo sepolcro, dove poi fu messo. Drittamente a mezzo miglio da Betlemme, in un sobborgo, vi sono due sepolcri: in uno riposa David, e insieme vi sta suo figlio Salomone. Quella basilica si chiama "ad Sanctum David". I bambini che furono uccisi da Erode, hanno in quel posto il loro sepolcro, e sono sepolti tutti insieme; aprendo quel sepolcro, si vedono le loro ossa. Di fronte a Betlemme si trova un monastero cinto di muro, in cui vive una numerosa comunità di monaci».

Arculfo (VII sec.)

L'abate Adamnano, nelle stesura del *De Locis Sanctis*, riporta la narrazione del pellegrinaggio del vescovo gallico Arculfo, che intorno alla metà del VII sec. visitò la Terra Santa. La descrizione si sofferma sui luoghi di culto di Betlemme; insieme alla basilica della Natività, vengono ricordati anche santuari minori come il lavacro di Gesù.

«Penso che si debba ricordare brevemente quella pietra posta fuori il muro, nella cui cavità fu versata, da sopra il muro, l'acqua della prima lavatura del corpicino del Signore dopo la sua nascita.

ADAMNANO, *DE LOCIS SANCTIS* (II,3), 670 D.C.

Quell'acqua del sacro lavacro, versata dal muro sopra una pietra giacente in basso, trovò [in questa pietra] una fossa quasi scavata dalla natura, la quale, riempita con la medesima acqua nel primo giorno natalizio del Signore, da quel momento fino ai nostri tempi, col passare di molti secoli, viene mostrata piena di purissima linfa, senza nessun difetto o diminuzione, per miracolo operato dal Nostro Salvatore dal giorno della sua nascita. Di questo evento ne parla il profeta: "Colui che fece uscire l'acqua dalla pietra"; e l'apostolo Paolo: "La pietra era Cristo", il quale nel deserto fece uscire l'acqua contro [le leggi della] natura da una durissima roccia per confortare il popolo assetato.

Egli stesso, che è la virtù di Dio e la sapienza di Dio, da

quella pietra di Betlemme fece uscire l'acqua, e la sua cavità è sempre piena di quell'acqua. Il nostro Arculfo vi guardò dentro coi suoi occhi, e in essa lavò la sua faccia».

Villibaldo di Eichstätt (700-787 ca.)

Tra i più interessanti itinerari e pellegrinaggi dell'Alto Medioevo (723-726 d.c.), quello dell'oblato sassone Villibaldo di Eichstätt rappresenta una preziosa testimonianza dei luoghi santi. Il testo, scritto sotto dettatura da una monaca di Heidenheim, rappresenta una delle principali fonti che descrivono lo stato della Grotta Santa e degli altari che la componevano.

MONACA DI HEIDENHEIM, *ITINERARIUM SANCTI WILLIBALDI* (CAPP. 12.22), 723-726 D.C.

«Da lì [Willibaldo] andò a Betlemme, dove il bue conobbe il suo padrone e l'asino il presepio del suo Signore. Avvicinandosi quindi a quel pozzo, che prima aveva meravigliato l'udito [di tutti], vide sulla superficie dell'acqua la figura di una stella andare da un margine all'altro; essa apparve più per il nato Signore [che per i Magi], che li condusse fuori Betlemme nel tredicesimo giorno della nascita del Signore.
[...]
Poi andò al luogo dove un angelo apparve ai pastori dicendo: "Vi annuncio una grande gioia ecc...". E da lì andò a Betlemme, dove nacque il Signore, che sta a sette miglia da Gerusalemme. Nell'antichità quel luogo dove nacque il Cristo era una grotta sotto terra, e ora è un'abitazione quadrangolare tagliata nella roccia, e tutto all'intorno fu scavata la terra e gettata via. E sopra di essa attualmente è costruita una chiesa. E dove nacque nostro Signore, adesso vi sta sopra un altare; ed è stato fatto un altro altare più piccolo; perciò quando [i pellegrini] vogliono celebrare la Messa nella grotta, prendono quel piccolo altare, lo portano lì dentro nel tempo in cui vogliono celebrare la Messa, e di nuovo lo riportano fuori. Quella chiesa che sta sopra dove nacque il Signore, è una gloriosa costruzione fatta a forma di croce».

Eutichio, patriarca di Alessandria (877-940)

Il Patriarca Eutichio scrisse i suoi *Annali* e il *Libro della dimostrazione* durante il periodo della dominazione islamica, lasciando così moltissimi riferimenti alla storia della Chiesa e ai santuari della Terra Santa di quell'epoca. Nelle sue memorie ricorda un episodio legato al califfo Omar il quale, secondo la tradizione, durante la conquista di Betlemme (VII sec.) pregò nella basilica, che divenne luogo di culto anche per i musulmani.

«Così Omar costruì un tempio e pose la pietra nella parte posteriore. Da lì partì per veder Betlemme. Quando giunse il tempo della preghiera, pregò nella chiesa, presso l'arco sud. Tutto l'arco era adornato da mosaici. Omar scrisse un documento per il patriarca proibendo ai Musulmani di pregare in quel posto se non uno alla volta, uno dopo l'altro e proibendo i loro incontri là per la preghiera, o di essere chiamati tutti insieme dalla voce dell'urlatore, e proibì che fosse alterata una qualsiasi parte di questo documento». *ANNALI, X SEC.*

Al-Muqaddasi (945-1000 ca.)

Al-Muqaddasi, geografo arabo, è autore dell'opera *Ahsan at-Taqasim fi Ma'rifat il-Aqalim* ("La migliore divisione per la conoscenza delle regioni"); la scrisse nel 985 all'età di quarant'anni dopo aver viaggiato a lungo in molti paesi. L'interesse del testo di al-Muqaddasi risiede nella descrizione accurata non solo di Gerusalemme ma anche delle località della Palestina del X secolo. A lui si deve il ricordo della Natività come luogo di culto non solo cristiano ma anche islamico.

«Betlemme è un villaggio a circa una lega di distanza da Hebron: Gesù nacque lì e là era una palma di cui si fa menzione nel Corano. In verità la palma non è cresciuta in questo luogo. In Betlemme c'è una chiesa, una uguale non esiste in nessun luogo della zona». *AHSAN AT-TAQASIM FI MA'RIFAT IL-AQALIM, 985 D.C.*

LETTURE

Abate Daniele (XI-XII sec.)

L'abate russo Daniele visitò i luoghi santi accompagnato da uno dei monaci della laura di San Saba. Raccontò questo suo pellegrinaggio nell'Itinerario in Terra Santa, nel quale dedicò un ampio spazio alla descrizione della Grotta santa e in particolare al luogo del presepe, soffermandosi anche sulla posizione delle entrate alla cavità.

*ITINERARIO
IN TERRA SANTA,
1106-1107*

«Il luogo della Natività è girato verso oriente e vis-à-vis, leggermente a destra, si trova la mangiatoia di Cristo; questa è piazzata a occidente su una roccia ed è in questa santa mangiatoia che il Cristo, nostro Dio, fu deposto, avvolto in un povero panno, Lui che tutto ha sofferto per la nostra salvezza. Questi due punti, quello della Natività e quello del Presepe, sono l'uno vicino all'altro, non sono separati che da una distanza di poco spazio, e si trovano nella stessa grotta, che è coperta da mosaico e ben pavimentata».

Johannes Phocas (XII sec.)

Con il pellegrino greco Giovanni Focas la descrizione della basilica della Natività diventa sempre più dettagliata. Egli ci ha lasciato il ricordo dei mosaici parietali e delle figure che li compongono, fornendoci anche la testimonianza storica relativa alla presenza, tra i detti mosaici, dell'immagine dell'imperatore Costantino Porfirogenito.

*DESCRIPTIO
TERRAE SANCTAE,
1177*

«La Santa Betlemme è costruita sopra una collina rocciosa dove c'è la sacra grotta e la mangiatoia, e la fonte da cui Davide desiderò bere; e si vede una chiesa di grande lunghezza costruita sulla sommità della grotta; è di grandi dimensioni, a forma di croce, col tetto ricoperto di assi di legno impermeabile; ma il soffitto sull'altare è formato da una volta di pietra. Questa bellissima e vasta chiesa fu costruita anche dalla mano munifica del mio imperatore salvifico, che ha anche adornato l'intera chiesa con mosaici d'oro: dentro in molti posti, e specialmente nel sacrario stesso sopra la santa grotta, il pastore, incaricato di quelli che in quel luogo seguono il rito latino, ha posto il bellissimo ritratto dell'imperatore, probabilmente per ringraziarlo della sua magnanimità».

Fra Giovanni di Fedanzola da Perugia (XIII-XIV sec.)

Di fra Giovanni di Fedanzola da Perugia si hanno poche e incerte notizie. Si sa che fu ministro della provincia minoritica di Terra Santa all'inizio del XIV secolo e autore di una *Descriptio Terrae Sanctae* redatta ad uso dei pellegrini. In una lettera, scritta da Avignone il 1° marzo 1329, è chiamato da papa Giovanni XXII «figlio diletto». I suoi tratti più caratteristici sono una curiosità penetrante e vivace, il gusto di descrivere, il piacere dei rapporti umani, l'attitudine a mettere insieme i dati dell'esperienza. La sua *Descriptio*, data per persa, fu rinvenuta in un manoscritto latino della Biblioteca Casanatense di Roma da Cesare Cenci nel 1983; si tratta di 74 carte pergamenacee di piccola dimensione. Fra Giovanni spiega come doveva essere la grotta della Natività quando nacque Gesù.

«Per comprendere meglio come il predetto luogo e la predetta spelonca si presentavano quando nacque Cristo, bisogna sapere che la strada che continua da Betlemme verso est e diretta verso la [sottostante] pianura dove l'angelo apparve ai pastori, si protraeva a destra sul fianco d'un colle poco elevato e, a un tiro di balestra dalla città, si aveva la predetta spelonca scavata nella rupe rocciosa. Larga due passi, cioè quanto una persona può stendere due volte le braccia e più, nella parte anteriore, interiormente si estende per altrettanto spazio, non essendo tuttavia larga che un solo passo. All'entrata, ossia dal lato della città che è nella parte occidentale, di traverso, cioè dalla parte ante-

Descriptio Terrae Sanctae, XIV sec.

riore verso l'interno, aveva un'incavatura nella roccia, o un infossamento, che rientrava al modo di una mangiatoia fatta totalmente di pietra. [Era fatta] in maniera tale che gli animali, colà legati, tenevano dentro la testa fino al collo sotto la rupe; ed esiste là fino ad oggi un anello dove gli animali venivano legati».

Fra Niccolò da Poggibonsi (XIV sec.)

Il frate italiano Niccolò da Poggibonsi raggiunse Betlemme durante il suo pellegrinaggio in Oriente tra il 1346 e il 1350. Egli rappresenta una delle testimonianze più importanti rispetto al definitivo ruolo assunto dai francescani come custodi della basilica. La sua testimonianza, oltre a descrivere alcuni luoghi della chiesa, ci lascia il ricordo della notte di Natale alla quale partecipò insieme a persone di diversi popoli e nazioni.

LIBRO D'OLTREMARE (CAP. CIV), 1346-1350 «Ora voglio dire che la notte della natività di Cristo, in quello luogo, si radunano tutte le generazioni di Cristiani, e ciascuna generazione si aconcia l'altare suo; e offizia ogni generazione a suo modo, e in loro lingua, che pare una maraviglia, a vedere tanta gente così travisata in lingua e in vestimenta».

Fra Francesco Suriano (1450 ca.-1529 ca.)

Francesco Suriano, in qualità di Custode di Terra Santa (ricoprì l'incarico a due riprese: 1493-1495 e 1512-1514), ci dona una testimonianza diretta della struttura della basilica della Natività e della vita dei frati che la custodivano; in particolare, afferma che le chiavi del luogo santo erano in mano ai frati, confermandone così, a questa data, il possesso esclusivo.

«Qui se dinota de Bethleem e de la magna chiesia de la Beata Verzene, dove parturì Christo.

Bethelem antiquamente era cità, dove naque David; ma al presente è reducta in villa de centocinquanta fochi; lontano da le case una balestrata è la chiesa gloriosa, dove naque Christo, cum uno grando e stupendo monasterio: in lo qual solum habitano li Frati nostri. Et sta soto el governo del padre Guardiano de monte Syon; el circuito del qual è quasi mezo miglio, circumdato de mura et antemurale, cum alcuni revelini e turioni. E questi forono facti da Christiani per defensione de la capella sancta. Questa chiesia sopra tute le orientale se studiò sancta Helena farla sopra modo bella e pretiosa: longa centocinquanta cinque braza e larga cinquanta cinque, et è in tre navate facta in modo de croce; cum cinquanta colone de um pezo, vinticinque per banda, de pietra rosa, condute de longi paesi, tute de una qualità e sorta. Sopra le qual colone sono do parieti de muro lavorato de mosaico et tuto ystoriato cum litere latine e grece. Appresso lo tecto de la chiesia sono cinquanta fenestre grande per luminar la chiesa. Li parieti del muro de la chiesa da lo canto de dentro sono fodrati de tabule de marmaro finissimo; e cossì è tuto el pavimento. El tecto de la chiesa è tuto facto de cipressi e cedri de monte Lybano, coperta tuta de piombo. E per esser questo legname per la vetustà fragidato, e per la mala cura havuta in tempo de li Conventuali, fo tuto renovato in tempo che io stava de famiglia in monte Syon, del mile quatrocento otanta. Verso la tribuna de l'altar maiore è tuto lavorato de mosaico, hystoriato el testamento novo. Et in la grota sancta, dove naque el Salvator nostro, la qual è soto el choro, se descende per do scale, l'una da um canto, e l'altra da l'altro canto de la grota, facte de marmo fino, de diece gradelli l'una. Le porte de queste scale sono de metalo, traietate, de uno pezo e belissime. Le chiave de le qual tenimo nui Frati. Al piede de le predicte scale, in mezo de ambedoe, è una meza luna grande de porfido. Et in quel loco parturì la Madona».

Trattato di Terra Santa e dell'Oriente (cap. LXVI), 1514

LETTURE

Il complesso
della Natività
nel *Trattato delle
piante & immagini
de sacri edifizi
di Terra Santa*
di B. Amico (1620)

Gabriel de Brémond (XVII sec.)

Nella sua raccolta di memorie sui viaggi intrapresi in Medio Oriente tra Egitto, Siria e Palestina (1643-1645), lo scrittore e medico francese ci dona una descrizione della pratica della processione quotidiana dei francescani a Betlemme nel XVII secolo.

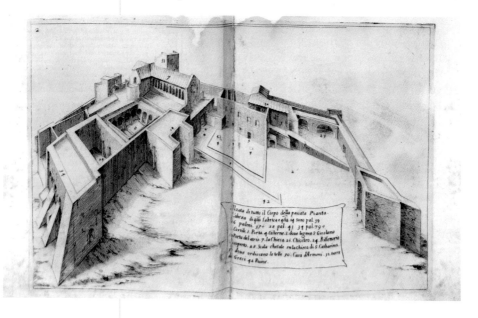

*VIAGGI FATTI
NELL'EGITTO SUPERIORE
ET INFERIORE*, 1679

«Si fanno le Stationi processionali con più candele accese, e con un libro d'orazioni, e si cominciano dalle litanie della vergine, cantate da putti christiani del paese instruiti dai religiosi di s. Francesco. Si cantano alla cappella di S. Caterina avanti l'altare del Santissimo Sacramento che ivi si conserva in un bel tabernacolo, e questa è la prima stagione. Da qui si va (è la seconda) all'altare posto alla porta fatta murar da Greci, ove si fa orazione appresso la santa grotta della Natività, e si godono le medesime indulgenze, che se vi si entrasse dentro…».

François-René de Chateaubriand (1768-1848)

Il nobile e letterato francese François-René de Chateaubriand intraprese il suo viaggio da Parigi a Gerusalemme nel primo decennio dell'Ottocento, facendo tappa anche in Grecia e in Egitto. Nel suo *Itinéraire* ci offre una grande quantità di descrizioni dei luoghi santi. Riportiamo le parole relative allo stato della grotta della Natività al momento della sua visita, quando le pareti erano ancora interamente ricoperte di marmo.

La grotta della Natività in un disegno di D. Roberts (1839)

LETTURE

ITINÉRAIRE DE PARIS
À JÉRUSALEM, 1811
«Questa è scavata nella roccia: le pareti di questa roccia sono rivestite di marmo, e il pavimento della grotta è ugualmente rivestito di un marmo prezioso. Questi ornamenti sono attribuiti a sant'Elena. La chiesa non riceve luce dall'esterno e non è illuminata che dalla luce di trentadue lampade donate da diversi principi cristiani».

Veduta di Betlemme
in un disegno di
D. Roberts (1839)

Elizabeth Southerden Thompson (1846-1933)

Elizabeth Southerden Thompson fu pittrice e scrittrice britannica di fama internazionale. Dopo un lungo viaggio in Medio Oriente, che raccontò in una serie di lettere, ci lasciò la testimonianza del villaggio di Betlemme come di un tipico villaggio palestinese, prima dei numerosi cambiamenti che lo hanno reso la città che è oggi.

«La collina attraverso cui passammo era molto rocciosa, e coltivata qui e là. Ancora olivi e rocce, ovunque rocce e olivi. Gli abitanti sono di una splendida razza, uomini atletici, donne graziose, anche se i loro visi sono gravemente sfigurati dai tatuaggi. [...] Salimmo la collina di Betlemme e presto raggiungemmo i suoi angusti sentieri di roccia scivolosi, assolutamente inadatti al passaggio di una carrozza. Arrivammo dapprima al convento dei francescani e poi alla chiesa costruita sopra il sito della Natività: quale felicità nell'inginocchiarsi nel luogo sacro dove stava la mangiatoia, che appare nella roccia sotto la volta, ed è indicata con una stella bianca inserita nel pavimento».

Letters from the Holy Land, 1903

LETTURE

Crediti fotografici

Abir Sultan / Flash 90: p. 41

Alexander Kuguchin / Shutterstock.com: pp. 43, 62-63 (n. 4)

Anna Kaplan / Flash 90: p. 56

Archivio della Custodia di Terra Santa: pp. 21, 28 (n. 2), 67 (sotto), 68, 70, 74, 75, 77 (n. 4)

Archivio ETS: pp. 9, 12, 32, 57, 60 (nn. 1, 3), 61

Asaf Eliason / Shutterstock.com: p. 52

Biblioteca della Custodia di Terra Santa: pp. 11, 22-23, 102

Enrique Bermejo: pp. 33 (sotto), 50

Garo Nalbandian: p. 63 (n. 5)

Grazia Cavanna: p. 73

Jerzy Kraj: pp. 36, 37, 39 (n. 3), 46

Library of Congress, Washington DC: pp. 24, 26, 27, 28 (n. 1), 30-31, 82-83, 103, 104

Lior Mizrahi / Flash 90: p. 35

Marco Gavasso / CTS: pp. 44, 69

Marie-Armelle Beaulieu / CTS: pp. 29, 62 (n. 1)

Mauro Gottardo: pp. 39 (nn. 1, 2), 52 (sotto), 53 (sopra), 66

Mikhail Kolesnikov / Shutterstock.com: p. 65

Moshe Shai / Flash 90: p. 54

Najeh Hashlamoun / Flash 90: p. 84

Nizar Halloun / CTS: pp. 40, 51

Paul Prescott / Shutterstock.com: p. 13

Piero Cagna: pp. 76-77 (nn. 1, 2, 3)

Renata Sedmakova / Shutterstock.com: p. 80

Rosario Pierri: p. 79

Stanislao Lee: pp. 42, 48, 58, 59 (sotto), 60 (n. 8), 62 (n. 3), 72, 78

VojtechVlk / Shutterstock.com: p. 47

Wojtek Chmielewski / Shutterstock.com: p. 67 (sopra)

Zvonimir Atletic / Shutterstock.com: p. 62 (n. 2)

Una collana di monografie che intende avvicinare i lettori ai tesori archeologici e spirituali della Terra Santa. Corredato di un ricco apparato iconografico a colori, che include foto d'epoca e cartine, ogni volume presenta un sito di Terra Santa caro alla tradizione cristiana attraverso descrizioni e schede di approfondimento. L'opera si avvale dei contributi dei docenti – biblisti e archeologi – dello Studium Biblicum Franciscanum di Gerusalemme e, più in generale, dei frati minori della Custodia di Terra Santa.

I volumi della collana

1. EMANUELA COMPRI - VALERIA VESTRELLI (a cura di)
Nazaret e i suoi santuari, 2015.

2. EUGENIO ALLIATA - ELENA BOLOGNESI (a cura di)
Il Monte degli Ulivi e i suoi santuari, 2015.

3. EMANUELA COMPRI - ELENA BOLOGNESI - ROBERTO ORLANDI (a cura di)
Betlemme e i suoi santuari, 2016.

4. *Cafarnao, la città di Gesù* (in preparazione).

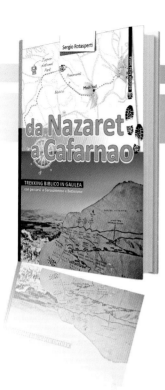

di SERGIO ROTASPERTI

DA NAZARET A CAFARNAO
Trekking biblico in Galilea

Un itinerario a piedi in Galilea che idealmente ripercorre le strade calcate da Gesù durante il suo mini-
stero. Mete finali (dopo un trasferimento in auto da
Cafarnao): Gerusalemme, sui luoghi della Passione e
Resurrezione, e Betlemme.

pp. 136 ill. a colori - 2014 - euro 14,90

di PIETRO A. KASWALDER

ESCURSIONI BIBLICHE
in Terra Santa

Il volume raccoglie una serie di escursioni biblico-arche-
ologiche in Terra Santa che l'autore, per anni docente di
geografia biblica presso lo Studium Biblicum Franciscanum di Gerusalemme, ha saputo rendere "accessibili" a
un largo pubblico. I luoghi descritti (suddivisi per regione:
Galilea, Samaria, Giudea e Neghev) si propongono come
spunti funzionali a una conoscenza più approfondita della terra biblica. Un ricco apparato di immagini commen-
tate consente un facile accesso anche ai non specialisti.

pp. 208 ill. a colori - 2016 - euro 14,90

IL DVD
Betlemme e i suoi santuari

Un estratto di
Terra Sancta. Custodi delle sorgenti della salvezza

Contenuti
1. Introduzione e sigla di apertura
2. Betlemme: «E lo pose in una mangiatoia»
3. Sigla di coda
4. La Custodia di Terra Santa
5. Extra - Salmo 121 (file audio)

Durata complessiva: 40 min. circa

Una produzione Antoniano di Bologna
Regia: Sergio Marzocchi, Fabrizio Palaferri

L'opera completa

LIBRO +DVD

TERRA SANCTA. CUSTODI DELLE SORGENTI DELLA SALVEZZA
PAGINE (LIBRO): 126
DURATA DVD: 210 MINUTI
PREZZO (LIBRO + DVD): EURO 19,50
ANNO: 2011 (II EDIZIONE)
LINGUE: ITALIANO,
INGLESE, FRANCESE,
SPAGNOLO, TEDESCO

Due prodotti in un'unica edizione per conoscere i Luoghi Santi e approfondire la storia della presenza dei Figli di san Francesco in Terra Santa.